D1662659

MARTIN EGG

*wurde am 18. Juni 1915
in Krumbach/Schwaben geboren.*

Seit dem Jahre 1958 ist er in Ottobeuren wohnhaft, wo sein Großvater geboren wurde. Dieser ging mit dem Sebastian Kneipp (geb.: 17. Mai 1821 in Stephansried) in Ottobeuren in die Sonntagsschule.

Egg, dem seine schwäbische Heimat über alles geht, schreibt nach seinen Angaben deshalb so gerne in der Mundart, weil man, wie er behauptet, damit alles viel herzlicher und inniger sagen kann, als in der Hochsprache.

Alle seine Büchlein mussten der großen Nachfrage wegen schon mehrmals nachgedruckt werden. Besonders beliebt sind die beiden Werke „Dös warat halt no Zeita" und „Es weihnachtat": Das erstgenannte Buch enthält zahlreiche Gedichte in mittelschwäbischer Mundart, Erzählungen, Erinnerungen und Schulaufsätze voll feinem hintergründigem Humor. Das Weihnachtsbuch beginnt zur Zeit des Loibla backens, führt hin zur Adventszeit, bekommt seinen Höhepunkt im weihnachtlichen Geschehen und endet mit den Heiligen Drei Königen.

Illustriert wurden seine Bücher neben anderen von seiner Tochter Cölestine Egle-Egg.

Martin Egg hat bei über 450 Lesungen aus seinen Büchern tausende Zuhörer erfreut.

Für seine Verdienste um die Heimat- und Mundartdichtung verlieh ihm 1986 Bundespräsident Richard von Weizsäcker das Bundesverdienstkreuz am Bande.

Müller Druck & Verlag · 86381 Krumbach · Telefon 0 82 82 / 6 28 78

Bundespräsident Richard von Weizsäcker

hat Heimatdichter Martin Egg mit dem Bundesverdienstkreuz
am Bande ausgezeichnet.
Bayerns Kultusminister Prof. Dr. Hans Maier,
hat im Kultusministerium die Auszeichnung
am 23. Juni 1986 überreicht.

MARTIN EGG
JA SO EBBES

Martin Egg

Ja so ebbes

1. Teil

*Gedichte, Erzählungen und
Schulerinnerungen
in schwäbischer Mundart*

2. Teil

*Gedichte und Erzählungen
in schriftdeutsch*

Zeichnungen: Cölestine Egle-Egg

Müller Druck & Verlag, 86381 Krumbach

Ja so ebbes

Wer hätt dös denkt, daß i mi trau, au no a drittes Büachle raus-
zumbringa. Ab'r nauchdeam bisher alles guat ganga isch, wird es
beim drittamaul scha au guat ganga. Ma sait it omasoscht: Aller guten Dinge sind drei.

I hau's fei gar it g'wißt, daß i soviel zämag'schrieba hau und daß
es au no zua ma dritta Büachle roicht. Bei manch'm G'schriebana
wär es schad, wenn es in d'r Schublad dinna bleibe dät, od'r wenn i
a'maul nomma bin, in's Altpapier kommt.

Dösmaul trau i mi sogar a paar von meine Sacha, dia i voar viele
Jauhr in Schriftdeutsch g'schrieba hau, in dös dritte Büachle nei'-
zumschmuggla. Wia i no jung, (schön) und arg oft verliabt war,
hau i meine Gefühle und all dös, was raus haut müassa, auf hoch-
deutsch nied'rg'schrieba. I muaß selb'r saga, gar it a'maul schlecht.
Wenn's i it ganz g'wiß wißt, daß i dös g'schrieba hau, dät i manchmaul saga: „Ja so ebbes!"

Und iatzt wünsch i viel Fraid und Spaß beim Leasa.

Ottobeuren, im Oktober 1983

MARTIN EGG

Inhaltsverzeichnis

2. Teil

1. TEIL

Das bin ich

Vor mehr als 65 Jahren,
habe ich das Licht der Welt erblickt,
mein Vater hat nur gelächelt,
meine Mutter war entzückt.

An einem Junitage,
des morgens um halb acht,
hat mich ein großer Vogel,
hat mich der Storch gebracht.

Ein Vogel kam geflogen,
biß Mama in das Bein
und legte dann ein Knäblein,
zu ihr ins Bett hinein.

Die Tanten und die Basen,
sie liefen schnell herbei,
sie staunten sehr und sprachen,
wie allerliebst ich sei.

Ich war ein wonnig Knäblein,
wog achtdreiviertel Pfund,
ich hatte keine Sorgen
und war auch sonst gesund.

Nur eines fand ich lästig,
ich empfand es gar als Schmach,
daß ich den ganzen Tage,
auf einem Wachstuch lag.

Doch heute weiß ich's besser,
wozu so ein Wachstuch nützt,
es ist für alle Fälle praktisch,
wenn so ein Knäblein spritzt.

Nach dem letzten Fläschlein
trug mich der Vater fort,
er trug mich in die Kammer,
damit ich schlafe dort.

Er drehte mich zur Seite,
schlich leise sich hinaus,
er fing schnell noch eine Fliege
und blies das Licht dann aus.

Kaum aber war es dunkel,
fing ich schon an zu schrei'n,
doch diesmal kam die Mutter
und sang mich leise ein.

Ich lernte bald das Gehen,
ich fand es gar nicht leicht,
denn die ersten vierzig Wochen,
hat es zum Rutschen nur gereicht.

Ich lernte auch das Sprechen,
ich lernte dies und das,
ich mußte in die Schule,
das machte wenig Spaß.

Mein Gedicht „Das bin ich", geht auf Seite 158 weiter.

Weil gerade von der Schule die Rede war,
da hätte ich noch ein paar Schulerinnerungen,
für die ich in meinem ersten Büchlein
„Dös warat halt no Zeita",
keinen Platz mehr hatte.

Und zwar:

Wie werde ich ein Großvater?
Der Hornissenschwarm
Der Beichtzettel
Wie wird das Wetter?
Das Sakrament der Ehe
Die Haustiere und wozu sie nützlich sind
Doppel- und Dreifachwörter
I gratulier

Wie werde ich ein Großvater?

Bei ma Aufklärungsunt'rricht in d'r vierta Klaß Volksschual, haut uns d'r Lehr'r a'maul folgende Fraug g'schtellt, dia mir schriftlich beantworta hand müassa. Wie werde ich ein Großvater?

A Viertlschtund schpät'r hand mir nau unsere Voarschtellunga, wia ma a Großvat'r wird, voarleasa müassa.

D'r erschte haut g'leasa:

„Ich werde ein Großvater, indem ich eine Großmutter heirate."

Dauzua haut d'r Lehr'r bloß g'sait: „Viel Vergnügen!"

D'r zwoite haut g'leasa:

„Wenn meine Schwester ein Kind bekommt, dann bin ich ein Großvater."

„Dann bist du ein Onkel, du Dackel," haut daud'rauf d'r Herr Lehr'r g'sait.

Oin'r von de weanig'r Helle haut g'schrieba:

„Wenn ich einmal heirate und ein Kind bekomme, und wenn ich mindestens einsachtzig groß werde, dann bin ich ein Großvater."

„Dann bist Du ein großer Vater, du Esel, aber noch lange kein Großvater. Man kann auch mit einssechzig ein Großvater sein."

D'r Müll'r Fritz, der a richtig'r Mädlafizal'r war, haut g'schrieba:

„Ich werde kein Großvater. Ich werde höchstens eine Großmutter, weil ich lieber mit den braven Mädchen spiele, als wie mit den bösen Buben."

Daudrauf haut d'r Herr Lehr'r g'sait, er wird ihn, wenn es ihm recht isch, in d' Mädlaklaß versetza. Vielleicht wird er nau wirklich a Großmuatt'r.

Iatzt d'r H. Ernscht isch der Sach am all'rnägschta komma. Der haut g'schrieba:

„Ich werde ein Großvater wenn ich heirate und wenn der Storch meiner Frau dann ein Kind bringt. Und wenn dann einmal mein Kind heiratet und dem der Storch auch ein Kind bringt, dann bin ich ein Großvater."

„Gut, sehr gut", haut d'r Herr Lehr'r dauzua g'sait. „Aber den Storch lassen wir weg. Dafür gibt es was anderes. Doch das sollen euch eure Eltern erzählen."

„Ich weiß es schon", haut daudrauf d'r All'rdümmschte von d'r Klaß g'sait.

„So, du weißt es, na dann schieße los", haut ihn d'r Lehr'r aufg'fordrat.

„Herr Lehrer, die Kinder werden gebohrt. Den Bohrer bekommt man, wenn man heiratet."

„Hast du den Bohrer schon einmal gesehen?" haut ihn d'r Lehr'r g'fraugat.

„Nein"

„Warum nicht?"

„Der gehört dem Vater. Doch den hat die Mutter dem Vater weggenommen und versteckt."

„Und warum hat sie ihn versteckt?"

„Weil wir schon sieben Kinder sind und weil keine neuen mehr gebohrt werden sollen."

„Und was sagt dein Vater dazu?"

„Der hat es noch gar nicht bemerkt."

„Das glaube ich dir auf das erstemal. Setzen!"

Kurz d'rauf war Singschtund. Dau hand mir nau alle dös Liad „ein Männlein steht im Walde" singa müassa.

Der Hornissenschwarm

Mir hand in d'r Volksschual a'maul en Ob'rlehr'r g'hett, der war so dick, daß ma aus deam leicht zwoi Lehr'r od'r drei Hilfslehr'r macha hätt könna. In d'r Geschichte haut er all fürchtig geara dauvon g'schwätzt, daß er im Erschta Weltkriag als jung'r Leutnant wahre Heldentaten vollbracht haut. Oi'maul häb er ganz alloinig fünf Franzosa g'fangag'nomma. So oft er dös von deane Franzosa v'rzählt haut, sind es allaweil mehr woara. A'g'fanga haut's mit oim Franzosa, nau zwoi, nau vier ond iatzt warats scha fünf. In Wirklichkeit war's oi Franzos, der grad sei Hos omkehrt ond d'rbei sei G'wehr neabanag'legt haut.

Mir Kind'r hand ihn soweit ganz geara g'hett. Bis auf dia Däg, wo die andere Klassa mit ihre Lehr'r schpazieraganga sind. So oft mir au an d' Taf'l nausg'schrieba hand:

„Der Himmel ist blau,
das Wetter ist schön,
wir bitten den Herrn Oberlehrer,
mit uns spazieren zu gehen."

Od'r: Lieber im Freien schwitzen,
als auf der harten Schulbank sitzen."

Es war jedesmaul vergeblich, er haut oi'fach it laufa wolla. Dös haut uns inn'rlich so g'wurmt, daß mir uns voarg'nomma hand, daß mir ihm bei d'r nägschta Gelegenheit 's Laufa so richtig lernat. Eines Tages, es war im Mai, war es soweit, daß er zu uns g'sait haut: „Kinder! wenn es morgen schön und nicht zu heiß ist, dann machen wir einen Ausflug. Ich lasse mich von euch überraschen, wohin es geht. Wir haben vier Stunden Zeit. Nehmt im Rucksack etwas zum Essen und Trinken mit."

Mir hand anand'r bloß a'guckat, so üb'rrascht warat mir. Mir hand uns nauch d'r Schual zämadoa; mir, dös warat mir fünf Eliteschüal'r und hand nau krampfhaft üb'rlegt, auf welche Art und Weis und auf welch'm Weag mir uns'rm Ob'rlehr'r s' Laufa beibringa könnat. D'r beschte Voarschlag isch vom Bodenstein Sepp komma. Der haut sich in d'r Natur und in d'r Gegend au am

beschta auskennt. Der haut g'sait, ma soll ihn da Führ'r macha lau. Er führt uns nau wo na, wo uns'r Ob'rlehr'r nau so schpringa muaß, als wenn hund'rt Franzosa hint'r ihm her wärat. Dös haut uns andere so guat g'falla, daß mir daumit ei'verschtanda warat. Uns'rn Ob'rlehr'r a'maul schpringa seah, dös war ons'r all'r sehnlichscht'r Wunsch.

Am nägschta Morga, es war a wund'rschean'r Maiatag, it z'hoiß, es isch sogar a lindes Mailüftle ganga, sind mir, da Rucksack auf'm Buck'l, auf'm Schualhof g'schtanda und hand auf uns'rn Ob'rlehr'r g'wartat. D'r Bodenstein Sepp haut's oms Verrecka it g'sait, wo er uns na'führt. Er haut's uns au it g'sait, daß er heit scha in all'r Früah seine Vorkehrunga troffa haut, daß au alles wia am Schnürle klappt.

Mir Buaba hand g'moint, mir seahat it recht, wia nau uns'r Ob'rlehr'r mit'm Fahrrad von sein'r Frau d'rherkomma isch. Auf a Herrafahrrad wär er sowieso it naufkomma. Solang d'r Ob'rlehr'r mit uns g'laufa isch, hau i sei Fahrrad schiaba derfa. Die erschte halbe Schtund isch es ganz guat ganga; ab'r nau isch er all weit'r z'ruck blieba. Jedesmaul, wenn mir ihn nomma g'seah hand, hau i zu ihm z'ruckfahra und ihm 's Rad bringa müassa. I hau dadurch die ganze Schtrecke mehr als zwoimaul g'macht, weil er mi mit seim Damafahrrad it auf d' Schtang sitza lau haut könna. I hau all neabaher od'r hintadrei schpringa müassa. Bei d'r vierta Etappe isch es nau passiert. Dau war nau der Punkt und der Moment, wo d'r Bodenstein strategisch ei'g'riffa haut. Der sell Punkt war a alleinschtehend'r Baum. D'r Sepp isch unt'r deam Baum g'schtanda und haut so doa, als ob er auf uns warta dät. Die andere 23 Buaba hand guate hund'rt Met'r voaraus g'raschtat. D'r Ob'rlehr'r isch grad meah auf'm Rad g'sessa und i bin hintadrei g'schprunga. Genau in deam Moment, wo d'r Ob'rlehr'r an deam alleinstehenden Baum voarbei g'radlat isch, haut d'r Sepp mit r'r langa Schtang, dia so ganz zuafällig im Gras g'leaga isch, in dös Hornissaneascht nei'g'schtochrat, dös an deam Baum g'hangat isch. I sag ui, dia Hornissa sind raus aus'm Neascht und wia auf Kommando alle uns'rm Obr'lehr'r nauch. Weil der ab'r mit Händ und Füaß den Hornissaschwarm abwehra haut müassa, haut er 's

Rad na'g'worfa und isch nau wia a Feldhas im Zickzack querfeld-ein g'schprunga, d'r ganze Schwarm hint'r ihm drei. So hand mir uns'rn Ob'rlehr'r no nia schpringa seah, als wia an deam herrlicha Maiatag. Mir Buaba warat selig, dös haut alle unsere Erwartungen üb'rtroffa.

Wenn it nauch hund'rt Met'r d' Kamm'l komma wär, in dia er nau todesmutig nei'g'schprunga isch, wer woiß, was ihm passiert wär. A Hornissaschtich ka nämlich tödlich sei. Drei Schtich könnat sogar en Gaul ombringa – und mehr als drei hätt er au it ausg-'halta.

Während er geischtesgegenwärtig im eiskalta Wass'r unt'r-taucht isch, isch d'r ganze Hornissaschwarm üb'r ihn weg.

Dös oine muaß i no saga, von deam Moment a hand mir Buaba voar uns'rm Ob'rlehr'r en Riesareschpekt g'hett. Dös Zick-Zack-Renna und dös ins Wass'r nei'schpringa und unt'rtaucha, dös war gekonnt. Und iatzt hättat mir's ihm ohne weiteres glaubt, wenn er uns v'rzählt hätt, daß er als jung'r Leutnant im Erschta Weltkriag ganz alloinig a'maul a ganza Kompanie Franzosa g'fanga g'nomma haut.

Der Beichtzettel

In meim Schualkatechismus von 1925, dean i heit no hau, hau i was g'fonda, was en Seltenheitswert haut. Und zwar mein Beicht-zett'l. Wia i zom erschtamaul zom Beichta ganga bin, hau i, daumit i au gültig beicht und daumit i koine Sünda vergiß, meine Sünda aufg'schrieba. Dean Zett'l hau i nauch beinah sechz'g Jauhr g'fon-da. Dean Typ vonweage die Sünda aufschreiba, haut uns uns'r Re-ligionspfarr'r geah.

Interessant isch es scha, was i dortmaul für Sünda aufgschrieba hau. Weil dia Sünda im Verhältnis zua de heitige so harmlos sind, will i's öffentlich bekenna.

I hau dortmauls g'schrieba:

17

1. Gebot   Du sollst keine fremden Götter neben mir haben.

Fremde Götter habe ich nur den Winnetou, den Lederstrumpf und den Robinson. Weil das aber keine richtigen Götter sind, habe ich im 1. Gebot keine Sünde.

2. Gebot   Du sollst den Namen Gottes nicht verunehren.

Hier bin ich nicht ohne Sünde, weil ich immer gerne zuhöre, wenn unser Nachbar so saumäßig flucht. Er hat soviel Sakerementer, daß ich dafür ein eigenes Blatt bräuchte. Am besten kann der es, wenn er sich beim Nageln mit dem Hammer auf den Daumen haut, oder wenn ihn eine Kuh trappet. Der kommt bestimmt nicht in den Himmel. Auch deshalb nicht, weil er an den Sonn- und Feiertagen nie was opfert, wenn ich in der Kirche mit dem Kollektekörbchen komme.

3. Gebot   Gedenke, daß du den Sabbat heiligst.

Ich heilige ganz bestimmt den Sabbat, weil er immer auf einen Sonntag fällt, wo ich nicht in die Schule gehen muß. Ich würde ihn noch mehr heiligen, wenn es noch mehr Sonn- und Feiertage gäbe.

4. Gebot   Du sollst Vater und Mutter ehren, auf daß es dir wohlergehe und du lange lebest auf Erden.

Vielleicht ist das eine Sünde, weil ich an der Mutter mehr hänge als wie am Vater; aber der ist auch viel strenger, der nimmt die von Gott auferlegte Gewalt viel öfter in Anspruch als die Mutter.

5. Gebot   Du sollst nicht töten.

Ich kann nicht einmal eine Maus umbringen, geschweige einen Menschen. Wir müssen alle Menschen lieben, weil jeder Mensch als Gottes Ebenbild erschaffen wurde. Auch den Lehrer. Das ist nicht immer leicht. Besonders dann nicht, wenn man von ihm kurz vorher Tatzen oder einen Hosenspanner erhalten hat. Der liebe Gott hat gesagt: „Liebet eure Feinde, tut Gutes denen, die euch hassen."

Das habe ich getan. Ich habe den Herrn Lehrer einmal in einen rostigen Reißnagel hineinsitzen lassen, in der Hoffnung, daß er eine leichte Blutvergiftung kriegt und für ein paar Monate ausfällt.

6. und 9. Gebot   Du sollst nicht Unkeuschheit treiben.
Du sollst nicht begehren deines Nächsten Weib.

Hier habe ich viele Sünden, weil ich nicht schamhaft bin, indem ich immer die Türe vom Aborthäuschen offenstehen lasse, damit die anderen sehen, daß es besetzt ist und daß ich drinnen sitze.

Ich begehre nicht des Nächsten Weib, denn das ist ja meine eigene Mutter. Aber meine Nachbarin begehre ich immer dann, wenn sie verzogene Schmalzküchlein oder Ofennudeln gebakken hat. Wenn ich das immer rieche, dann begehre ich unwillkürlich meines Nachbars Weib.

7. und 10. Gebot   Du sollst nicht stehlen.
Du sollst nicht begehren deines Nächsten Hab und Gut.

Ich habe meiner Großmutter einmal fünfzig Pfennig gestohlen, weil ich mir auf Weihnachten eine Mundharmonika Marke „La Paloma" C Dur kaufen wollte, die eine Mark vierzig kostete und weil ich selbst nur neunzig Pfennig erspart hatte.

Würfelzucker, Rosinen, Marmelade und Weihnachtsplätzchen habe ich schon öfters gestohlen. Einmal sogar eine ganze Tellersulze, die für meinen Vater im Keller stand. Ein Zuckerhut mit fünf Pfund ist durch mich immer weniger geworden, bis er nicht mehr da war.

8. Gebot   Du sollst kein falsches Zeugnis geben wider deinen Nächsten.

Ich habe ein paarmal gelogen. Beim Zuckerhut und bei der Tellersulze habe ich ein falsches Zeugnis abgegeben. Da sagte ich, die Mäuse und der Vater seien es gewesen.

Ich habe ein paarmal nicht gut über meinen Lehrer gedacht.

Ostern 1925   Martin Egg, ein reuiger Sünder.

Dös warat meine erschte Sünda und so schtaut es schwarz auf weiß
auf meim Beichtzett'l. Adressiert war der Zett'l „an den lieben
Gott".

Wie wird das Wetter?

Zua meim Aufwachsa haut ma vom ma Hoch und Tief nix
g'wißt. Dau haut es au no koine Wett'rbericht und scha gar it a
Wett'rkart geaba. Dau haut ma sich no an die alte Wett'rregla
g'halta und haut sich daunauch g'richtat.

Wenn am Aubad d' Frösch quakat, d' Mucka tanzat und d' Gril-
la zirpt hand, nau haut ma g'wißt, daß es am nägschta Tag wied'r
schea wird. Wenn d' Schnecka grießa sind, nau war dös a schlech-
tes Zoicha. Wenn bei uns dauhoim in d'r Schtub d' Hagamoisa
auf'm Fenscht'rbrett wia narrat hin- und herg'schpronga sind, nau
haut ma g'wißt, daß heit no a Wett'r kommt. Dös war au d'r Fall,
wenn ma en Goldkäf'r vertrappat od'r wenn ma a Donn'rbloam
a'brockat haut.

Wia es a'maul Mitte Juni vierzeh Täg lang hoiß ond trocka war,
haut uns'r Lehr'r zu uns g'sait: „Kinder, wenn es übermorgen
auch noch schön ist, dann machen wir eine Tageswanderung nach
Kirchheim. Fragt heute eure Eltern und Großeltern, was die wegen dem Wetter meinen und berichtet es mir morgen. Wenn die
Wetterprognosen gut ausfallen, dann bleibt es bei unserer Wanderung."

Wia nau d'r Herr Lehr'r am nägschta Tag g'fraugat haut, wer
weaga em Wett'r Erkundigunga ei'g'hollat haut, sind d' Zeige-
fing'r bloß no so in d' Heah g'schossa.

„Herr Lehrer", haut d'r Vogl Fritz g'sait, „das Wetter bleibt
schön, weil mei'm Vater sein Hühnerauge überhaupt nicht sticht.
Wenn es sticht, dann regnet es am nächsten Tag."

„Gut", haut d'r Herr Lehr'r g'sait, „und du Egger"? Der haut g'moint: „Seine Großmutter habe auch gesagt, daß das Wetter schön bleibt, weil es noch nicht in ihren alten Knochen sitze. Wenn es erst einmal in ihren Knochen sitze, dann komme bald ein Gewitter."

D'r Müll'r Franz haut sich's am leichteschta g'macht. Der haut beim Apothek'r bloß an da Baromet'r na'klopfat und der sei von „Schön" koin Ruck'r wegganga. D'r Baromet'r natürlich, it d'r Herr Apothek'r.

D'r Sch. Tona haut sich auf sei Muatt'r berufa, dia sich nauch de Zwiebelschala richtat, dia die nasse und die trockane Monat voraussagt. „Der Monat Juni sei heuer nicht wie voriges Jahr seichnaß, sondern fuhztrocken, habe seine Mutter gesagt". „Wie trokken?" haut d'r Herr Lehr'r da Sch. no a'maul g'fraugat. „Fuhztrocken", haut der wied'r g'sait. „Sch.", haut daudrauf d'r Herr Lehr'r g'sait, „sage zu deiner Mutter, man kann sich auch etwas gewählter ausdrücken. Zum Beispiel kann man „nußtrocken" oder „pudelnaß" sagen."

D'r Forst Erwin war au d'r Meinung, daß es schön bleibt, denn der Mond sei im Zunehmen und die Schwalben seien hoch geflogen.

D'r Schmid Toane, der a'weng verträumt und romantisch veranlagt war, haut g'sait: „Herr Lehrer, es bleibt ganz bestimmt schön, weil es ein wunderschönes Abendrot und weil es keine Schäfchenwolken hatte".

I hau mi aus der Wett'rsach rausg'halta, weil unsra Katz en Tag voarher mein Laubfrosch g'fressa haut.

„Kinder!" haut uns'r Lehr'r abschließend g'sait, „bei soviel guten Wettervorhersagungen bleibt es bei der Wanderung nach Kirchheim."

Wia d'r Herr Lehr'r a paar Tag schpät'r da Sch. Toane g'fraugat haut, was seine Mutter dazu gemeint habe, als er ihr ausrichten ließ, daß man sich auch etwas gewählter ausdrücken könne, haut der g'sait: „Herr Lehrer, meine Mutter hat darauf gesagt, das sei doch scheißwurscht wie man sage, wichtig sei einzig und allein, daß man sich auf die Zwiebelschalen verlassen kann."

In d'r Schual hand mir eines Tages das Sakrament der Ehe durch-
g'nomma und als Hausaufgab hand mir nau üb'r dös, was mir vom
Herrn Pfarr'r über das Sakrament der Ehe gehört haben, en Auf-
satz schreiba müassa. I hau daumauls g'schrieba:

Das Sakrament der Ehe

Es gibt sieben Sakramenter. Das erste Sakrament ist das Sakrament der Taufe. Wir haben heute in der Schule das Sakrament der
Ehe durchgenommen. Gott selber hat die Ehe im Paradies einge-
setzt. Das erste Ehepaar waren Adam und Eva. Wer die zwei
Zeugen waren, die vorgeschrieben sind, das hat der Herr Pfarrer
uns nicht gesagt. Wahrscheinlich waren es nahe Verwandte oder
gute Bekannte, weil man die meistens dazu nimmt. Wegen dem
Brautkleid brauchte sich die Eva keine Sorge zu machen. Ein frisches Feigenblatt war zur Feier des Tages bald gefunden.

(I woiß no guat, oin'r von onser'r Klaß haut anschtatt Feigenblatt „Huflattichblatt" g'schrieba. Dau haut sogar d'r Herr Pfarr'r
lacha müassa. Er haut von dem Bua wissa wolla, wia er auf a
Huflattichblatt, dös doch fuchz'gmaul greaß'r als wia a Feigablatt
isch, komma sei. Der haut daudrauf g'sait, er häb sich voarg-
g'schtellt, daß d' Eva so a Figur wia sei Tante g'hett häb und dau
wär mit ma Feigablatt nix auszomrichta.)

Mei Aufsatz isch wia folgt weit'rganga:
Zugleich verhüllte die Eva mit dem Feigenblatt ihren sündigen
Körperteil, der damals noch kein sündiger war. Erst seit der Ver-
treibung aus dem Paradies ist er einer geworden. Seit dem Tage
fällt er unter das sechste Gebot.

Die Eheleute sollen in Liebe und Treue allzeit miteinander leben, ihre Kinder für Gott erziehen und sie für das spätere Leben
tüchtig machen. Woher die Kinder kommen, das weiß ich noch
nicht. Meine Mutter sagt, die werden geboren. Wie sie gebohrt
werden, das lernt man in der siebten Klasse.

Das Sakrament der Ehe verbindet die Eheleute zu einem un-
auflöslichen Lebensbund. Jesus sagt: „Ein Jeder, der sein Weib

entläßt und eine andere heiratet, bricht die Ehe." Mein Großvater hat sie gebrochen, der hat meine Großmutter mit vier kleinen Kindern entlassen. Wie er dann nach Jahren wieder kommen wollte, weil ihn seine zweite Frau geschickt hat, hat ihn meine Großmutter nicht mehr aufgenommen. Er geht jeden Tag an unserem Haus vorbei und wartet sehnsüchtig darauf, daß ihn die Großmutter wieder hereinholt. Da kann er lange warten, mir gefällt er sowieso nicht.

Die Ehe wird umso glücklicher, je reiner der Brautstand gehalten wird. Das heißt, man muß sich in der Zeit vor der Ehe fest zusammennehmen. Man darf nicht den Verlockungen des sechsten Gebotes nachgeben und wenn diese noch so mächtig sind. Das Versäumte kann man dann hinterher nachholen, sagt mein Onkel, und der wird es wohl wissen, weil er ein Regierungsrat ist. Was mein Vater damit meint, wenn er sagt, man soll keine Katze im Sack kaufen, das weiß ich nicht. Wir bekommen unsere Katzen immer geschenkt.

3. Oktober 1926   Martin Egg

Die Haustiere
und wozu sie nützlich sind

Das Pferd:

Es zieht den Wagen, den Pflug, die Egge, das Langholzfuhrwerk, die Postkutsche und auch den Leichenwagen. Es ist sehr stark, obwohl es nur ein PS hat. Es ist sehr fleißig. Es braucht viel Hafer und Wasser. Es gibt Rappen, Schimmel und Füchse. Die Männer heißen Hengste, die Frauen heißen Stuten. Ein reicher Bauer hat mehrere Pferde, ein armer höchstens eines. Der Vater von meinem Freund Richard hat sogar 24 Pferde, der hat ein Karussell.

Die Kuh:

Von der Kuh bekommen wir Milch, Sahne, Butter, Käse, Fleisch und Leder. Fleisch und Leder bekommen wir von ihr erst dann, wenn sie tot ist. Die anderen Sachen bekommen wir von ihr vorher; aber auch nur dann, wenn sie keine Jungfrau mehr ist. Keine Jungfrauen sind bei den Mädchen solche, die nicht mehr „weiß" heiraten dürfen. Vorher ist die Kuh noch ein Kalb. Ein Kalb ist das Kind von einer Kuh und von einem Stier. Wozu man den Stier braucht, das weiß ich nicht, das hat uns der Herr Lehrer nicht gesagt.

Meine Großmutter hat zu mir gesagt, ich soll mir für mein ganzes Leben merken, der Tee, aus einer frischen Kuhpflatter, sei das beste Mittel gegen das hohe Fieber. Wenn es der Doktor nicht mehr herunter bringt, dann wirke der Tee von einer frischen Kuhpflatter wahre Wunder.

Das Kalb:

Entweder wird aus dem Kalb eine Kuh, ein Ochse oder Kalbfleisch. Bei den Menschen weiß man was er wird schon bei der Geburt. Das Kalbfleisch ist sehr teuer und sehr gesund für die reichen Kranken. Für die armen Kranken tut es eine Fleischbrühe oder ein Maggiwürfel.

Das Rind:

Ein Rind ist eine Kuh, die nicht mehr jung ist. Das Rind eignet sich nur noch zum Metzgen. Nach ihm das Rindfleisch benannt; man heißt es auch Suppenfleisch.

Der Ochse:

Der Ochse ist zum Arbeiten da, so wie unser Vater. Er gibt keine Milch von sich, weil er unten nicht so gebaut ist wie eine Kuh. Bei mir daheim gibt es jeden Samstag Ochsenfleisch. Das schmeckt besonders gut. Beim Essen bin ich immer etwas traurig, weil ich mir dabei denke, der ist auch schon mal an unserem Haus vorbeigegangen, so wie der Herr Lehrer oder der Herr Bürgermeister.

Das Schwein:

Das Schwein hat man in der Hauptsache wegen dem Schweineschmalz, das man fast jeden Tag in der Küche braucht. Es ist auch gut zum Einreiben auf der Brust gegen den Husten und auf dem Rücken für eine schwache Lunge. Ein Schwein wird oft vier bis fünf Zentner schwer. Das Beste vom toten Schwein ist der Schinken und das Rauchfleisch.

Das Schaf:

Aus dem Schaf gewinnt man Wolle, die dann zu Strümpfen, Socken, Hosen, Westen und Pullovern verarbeitet wird. Das macht meistens die Großmutter, damit sie nicht überflüssig wird. Das Schaffleisch ist nicht so gut, darum werden die Schafe auch älter als wie die Schweine. Das Schaf erfreut uns auch nach seinem Tode noch durch den lieblichen Klang seiner Gedärme. Zum Beispiel auf der Violine.

Die Ziege:

Sie ist auch ein Haustier. Sie meckert zwar andauernd, frißt aber alles; sogar alte Schuhsohlen. Mein Onkel meckert auch bei jedem Essen. Die Ziegenmilch ist sehr gesund. Der Mann von der Ziege ist der Ziegenbock, der stinkt unheimlich. Wozu der Ziegenbock gut sein soll, das weiß ich nicht, das hat uns der Herr Lehrer auch nicht gesagt; das lernt man später.

Es gibt Hühner, Enten und Gänse; das sind auch Haustiere. Am nützlichsten davon sind die Hühner, weil sie Eier legen und zwar Rühreier, Ochsenaugen und gekochte Eier und die Gänse, weil von denen die Bettfedern für die Aussteuer kommen. Ich habe drei Schwestern, die bekommen einmal die Bettfedern mit, wenn sie heiraten. Ich bekomme keine davon, weil ich erstens ein Junge bin und weil zweitens meine Frau diese einmal mitbringen muß – sagt meine Mutter.

Zu den Haustieren zählen auch noch Hund und Katze. Den Hund hat man zum Bewachen des Hauses, die Katze zum Schmusen und zum Mäuse fangen. Letztere sind auch Haustiere, aber die sind unerwünscht; so wie die Nachbarin, wenn sie zum Leutausrichten kommt.

Es gibt noch zwei Haustiere. Eine ist vorn am Haus, die andere ist hinten am Haus. Die schreibt man aber mit „ü".

Doppel- und Dreifachwörter

In d'r Schual hand mir a'maul die sogenannten Doppel- und Dreifachwört'r, wia bildschön, blitzblank, honigsüß usw. durchg'nomma. Am Schluß haut nau uns'r Lehr'r g'sait, mir sollat dauhoim nauchdenka und nau en Aufsatz schreiba, wo mindestens zwölf von deane Wört'r voarkommat.

Dös hau i g'macht. I hau a'weng nauchdenkt und nau hau i üb'r mei verschtorbane Tante Rosa en Aufsatz g'schrieba, denn dau sind mir am moischta von deane Dopp'l- und Dreifachwört'r ei'g'falla. I hau es, wenn i mi it täusch, sogar auf 24 solch'r Wört'r braucht.

26

Meine Tante Rosa

Ich bin heute schon um 6 Uhr in der Früh stinkend aufgestanden, weil ich mit meinen Eltern ohne Frühstück, also fazenlichter, in die Kirche gehen mußte. Es war eine Messe für meine verstorbene Tante Rosa. Inwendig war ich stocksauer, weil diese Tante mir nie etwas geschenkt hat. Draußen war es noch kuhranzennacht. Es ging ein starker Wind und es war patschnaß. Tag's zuvor war es noch windstill und nußtrocken. Ich kann mich an meine Tante noch gut erinnern. Sie war nicht so bildschön wie meine anderen Tanten. Sie war ledig und sündenwüst, geizig und klepperdürr. Sie hatte beschlechte Haare. Von mir behauptete sie, ich sei rundherum nix, weil ich einmal an ihrem pfennigganzen, irdenen Nachthafen den Henkel kaputtgemacht habe. Sie tat immer so lammfromm, derweilen war sie richtig hinterfotzig und zähgoschig. Sie war lange hechtgesund, bis es ihr eines Tages sterbenselend wurde und sie tot vom Stängele fiel.

Als wir vom Gottesdienst heimkamen, stand unsere Haustüre sperrangelweit offen, weil mein siebengescheiter Vater vergessen hatte, sie zuzusperren. Darüber war meine Mutter fuchsteufelswild, weil gerade Zigeuner im Ort waren. Außer der Großmutter fehlte Gott sei Dank nichts. Die fütterte gerade unser schlachtreifes Schwein. Das Schwein wird bald gemetzget, darauf freue ich mich heute schon saumäßig. Da gibt es dann Leberwurst und Blunzen.

4. November 1925   Martin Egg

27

I gratulier

Wenn i als Kind gratuliera hau müassa, zum Beischpiel meim Vat'r, nau hau i g'sait: „Vat'r, i gratulier dir zu deim Namenstag, daß du g'sund bleibscht, daß du lang leabscht und daß du a'maul in da Himm'l kommscht."

Eines Tages hand mir in d'r Schual en Aufsatz üb'r da Josefstag schreiba müassa. I hau dortmauls g'schrieba:

Gestern war der hochheilige Josefstag. Er ist dem heiligen Joseph, dem Zieh- und Nährvater des Jesus von Nazareth geweiht. Wir haben zuhause zwei Josef und zwei Josefa, also vier Namenstage. Da geht es immer hoch her. Da kommen viele Leute zum Gratulieren. Da wird sogar zur Feier des Tages ein Faß Bier angestochen. Wenn wir Kinder gratulieren, dann müssen wir sagen: „Ich gratuliere zum hochheiligen Namenstag, Gesundheit, ein langes Leben und daß du einmal in den Himmel kommst." Daß du einmal in den Himmel kommst, das müssen wir bei allen sagen, nur bei der Großmutter nicht mehr; die hat ihren Grund dafür.

Unser Großvater schreibt seinen Joseph mit „ph" hinten. Er ist zwar nicht heilig, er ist aber auch ein Zieh- und Nährvater. Er ernährt und zieht die Großmutter. Der zweite Josef ist mein Onkel, der zieht und ernährt noch niemanden, weil er noch ledig ist. Meine Großmutter heißt Josefa, meine große Schwester auch. Zu ihr sagt man aber Pepi, damit man sie mit der Großmutter nicht verwechselt.

Alle Gratulanten haben etwas mitgebracht, aber bei weitem nicht soviel, als was sie gegessen und getrunken haben. Es gab Leber- und Brätknödel, einen Schweinebraten mit Kartoffelsalat und Randich. Von dem roten Randich wurde die weiße Tischdecke mehrmals versaut. Für uns Kinder wurde ein eigener Tisch gedeckt. Als das Faß Bier leer und alles aufgegessen war, gingen die Gratulanten nach Hause. Als sie alle fort waren, gab es noch ein Weinschotto für die Hinterbliebenen.

D'r Herr Lehr'r haut mein Aufsatz g'lobat und haut zu mir g'sait, daß das sehr schön sei, daß wir Kinder, wenn wir gratulieren, jedesmal sagen „und daß du einmal in den Himmel kommst". Er haut es bloß it verschtanda könna, daß mir ausgerechnet bei d'r Großmutter, die doch dem Himmel am nächsten steht, dös it saga derfat. Und neugierig wia er war, haut er von mir wissa wolla, warom mir dös bei d'r Großmuatt'r it saga derfat. So hau i halt zu ihm g'sait, daß mei Großmuatt'r, wia se von d'r letzschta Beerdigung hoimkomma isch, zua mein'r Muatt'r g'sait haut: „Fanni, bua dia Leich hand se heit meah in da Himm'l naufg'hoba und naufg'schoba. Also, wenn dia Peitsch dia schlecht, dia Bißgurk dia nixig, wenn der Dracha in da Himm'l kommt, nau will i a'maul it nei. Dau bleib i nau liab'r im Fegfui'r, als daß i mit der frohlock und Halleluja sing."

Dia Leich, dia mei Großmuatt'r g'moint haut, dös war meim Lehr'r sei Schwieg'rmuatt'r, ab'r dös hau i eahm it au no g'sait.

Mei Freind, d'r Herr Minischt'r

Als Kind'r hand mir mitanand'r g'schpielt und g'schtritta,
auf d'r Schualbank hand mir mitanand'r g'lernt und g'litta.
I all'rdings viel mehr als Er,
mei Vat'r war a kloin'r Beamt'r, d'r seinig a Millionär.
Vier Jauhr lang sind mir als Schüal'r beianand'r blieba,
solang haut er au täglich von mir abg'schrieba
und war i wirklich a'maul krank,
nau haut er au g'fehlt auf unser'r Bank.
Vier Jauhr lang hau'm i d' Aufgab g'macht,
manchmaul no schnell in d'r Schual, kurz voar Acht.
I hau für ihn g'lernat, hau für ihn denkt
und er haut mir daufür jed'n Tag en Apf'l g'schenkt.
Was dös war zua dean'r Zeit,
dös wißat bloß mir ältere Leit.

29

En Pfau'rling od'r en Boskop aus seim Garta,
er war mir sich'r, i hau kenna daudrauf warta.
So sich'r in mein'r kloina Not,
wia von dauhoim mei Schtückle druckes Brot.
Nauch'm Unt'rricht sind mir au all beianand'r blieba
und so manches Buabaschtückle hand mir mitanand'r trieba.
Oi'maul, i woiß es no, als wär's erscht heit,
haut er voll'r Schtolz zu mir g'sait:
„Mart'l, heit isch mei Vat'r it dauhoi,
mir treffat uns am Hechtgraba, so om Zwoi.
I bring mei Luftg'wehr mit zum Schpiela
und a paar leere Wei'fläscha, daudrauf zum Ziela."
Und wia er nau komma isch voll'r Fraid,
haut er ganz unschuldig zu mir g'sait:
„Leere Wei'fläscha sind grad koine dau,
i denk, dia sechs volle dond es au."
Heit ka i dia Prüg'l guat verschtanda, au mit Recht,
dia mir von seim Vat'r kriagt hand und dia it schlecht,
denn ausgerechnet sein all'rbeschta Wei' im Kell'r donta,
dean haut mei Freind im Dunkla g'funda.
Mir hand no g'sait, beim Leasa vom Etikett,
so a alt'r Wei' von 1900, der derf scha weg;
om dean isch es wirklich dau it schad,
a Glück, daß er dean verdwischt haut grad.
Und nau hand mir halt solang d'rauf g'schossa,
bis d'r letzschte Tropfa isch verflossa.
Wenn sei Vat'r no d'raufkomma wär,
daß mir nauch'm Fläschaschieße hint'rher,
au no drei Enta verschossa hand aus sein'r Farm,
er hätt uns verdroscha, daß Gott erbarm.
Zum guata Glück warat g'nua Enta dau,
Schwän, Truthenna, ja sogar a Pfau.
Es haut wirklich gar nix g'fehlt,
bei eahm dauhoim, in sein'r Welt.
Obwohl zwischa uns zwoi so a Unt'rschied isch g'wea,
ma haut uns allaweil beianand'r g'seah.

Bis zu deam Tag, wo er sein Koff'r haut g'nomma,
weil er zum Schtudiera isch auf Müncha komma.
I hau mir wirklich Sorga g'macht,
ob er ohne mi, au 's Schtudium schafft.

Na grad verganga sind all dia Jauhr
und i hau'n nomma troffa, sell isch wauhr,
bis mir da „Fuchz'g'r" g'feirat hand;
dau warat mir zum erschtamaul meah beianand.
I hau's zwar öft'rs maul probiert,
wenn mi d'r Weag an sein'r Villa voarbei haut g'führt.
Doch wean wundrat's, daß er für mi koi Zeit haut g'funda,
denn als Minischt'r warat seine Schtunda,
wia bei alle Groaße auf d'r Welt,
von vornarei regischtriert und zählt.
Moischtens war er mitsamt seim Diplomatagepäck
irgendwo auf d'r Welt, für mi halt weg.
A'fangs hau i's in d'r Zeitung g'leasa,
wo er na'fliagt, wo er g'weasa.
Schpät'r haut's mi nomma interessiert,
wo er verhandlat, mit weam er diniert.
Mi haut's ehrlich g'sait, au it verdrossa,
daß er, mit deam i seine Enta hau verschossa,
Maulwurffalla g'schtellt und Mühlräd'r baut,
mi so ganz und gar vergessa haut.

Bei unser'r Fuchzg'r-Fei'r haut er zu mir g'sait:
„Woischt Mart'l, mir fehlt halt d' Zeit.
I dät mi so geara mit dir zämasetza
und a'maul so richtig von früah'r schwätza.
Glaub mir" und dös haut er ehrlich g'moint,
„Minischt'r hin, Minischt'r her, i bin dei Freind.
I hau dia viele Äpf'l it vergessa,
dia du in deane vier Jauhr von mir hauscht gessa.
Doch als Minischt'r bin i it so dumm
und verzähls weshalb, warum.

Mir zwoi wissats – und au no mehr,
o mei, wia lang isch dös scha her!"

An deam Aubad war er so richtig aufzoga
und am Morga drauf, isch er nach Japan g'floga.
Und wied'r verganga isch na grad dia Zeit
und bei unser'r Sechz'g'r-Fei'r haut er genau meah g'sait:
„I dät mi so geara mit dir zämasetza
und von unser'r Schualzeit schwätza,
ab'r du woischt es ja, es duat mir leid,
i hau all no weanig'r Zeit.
Ab'r in deam Jauhr no, dös isch mei Glück,
ziah i mi in mei Privatleaba z'rück.
Und nau, daudrauf frai i mi scha lang,
hockat mir uns bei ma guata Tröpfle z'amm."

Doch, es isch alles ganz and'rscht komma,
er isch zwar no Minischt'r – und au nomma.
Er reist nomma per Flugzeug od'r erscht'r Klasse,
er haut iatzt wirklich Zeit in Masse.
Und doch kennat mir uns it zämasetza
und d'rbei von früah'r schwätza,
denn, i sag dös ganz am Schluß,
mei Freind, er liegt auf'm Friedhof duß.
Neab'r seim Vat'r, dös muaß i au d'rzua sa
der uns zwoi haut a'maul da Grind verschla.

So ka es ganga, wenn ma nia haut Zeit,
plötzlich roicht es für a Ewigkeit.
D'rom isch es schea, wenn ma se anand'r schenkt,
denn es isch oft schpät'r als ma denkt.

Mei Freind Michl

I hau voar sechz'g Jauhr en Freind g'hett, da Michl. In sein'r Holzhütte hand mir fascht jed'n Tag Indeanerles g'schpielt und in sei'm Kell'r hand mir ab und zua Indian'r und Soldata aus Blei gossa. Er haut, was i nia kriagt hau, Forma g'hett, dia ma mit heiß'm Blei ausfülla haut müassa und wo nau nauch r'r beschtimmta Zeit a fertig'r Indian'r od'r a Soldat rauskomma isch. Es warat it laut'r gleiche Indian'r und Soldata, denn er haut mehrere so Forma g'hett. Au Soldata hoch zu Roß und Indian'rhäuptling mit ma wund'rbara Fead'raschmuck. Es warat herrliche Schtunda, dia mir mit seine Indian'r und Soldata erlebt hand. Mir zwoi, d'r Michl und i, mir warat unzertrennliche Freind. Sei Muatt'r, Vat'r haut er koin meah g'hett, haut's geara g'seah, wenn i zum Schpiela komma bin. Ja, sogar an de Sonntag warat mir beianand'r. Zu der Zeit, wo mir allaweil beianand'r warat, sind die erschte Wildweschtfilm im Kino g'laufa. I hau's voarerscht bloß an de Bild'r g'seah, dia ausg'schtellt warat; 's Geld zum Neiganga hätt i von dauhoim nia kriagt, denn dreiß'g Pfennig, was es für mi koschtat hätt, war dortmauls viel Geld. Für dreiß'g Pfennig haut ma für da Vat'r a ganza Brotzeit, dös war a halbes Pfund Schinkawurscht, kaufa könna. Für mi, wia für viele andere Buaba, war so a Wildweschtfilm ebbes Unerreichbares. It für mein Freind Michl. Der haut jed'n Sonntag von sein'r Muatt'r dreiß'g Pfennig kriagt, daumit er ins Kino ganga ka. Weil i dau it mitganga hau könna, haut mei Freind mir z'liab a paarmaul aufs Kino verzichtat. An deam Sonntag, wo er zom erschtamaul verzichtat haut, haut er mi zu sich hoimnehma wolla, ab'r es war zuag'schperrt und Schlüss'l haut er koin g'hett. Weil sich dös dauhoim itneikönna a paarmaul wied'rholt haut, haut sich em Michl sei Muatt'r, bevor sich der selb'r ebbes denkt haut, ebbes ausdenkt. Und dös was sie sich ausdenkt haut, war für mi herrlich. Sie haut iatzt it bloß ihrem Bua dreiß'g Pfennig in d' Hand druckt, daß er ins Kino ganga haut könna, sie haut au mir dreiß'g Pfennig geaba, daumit i mitganga hau könna. I ka es gar it beschreiba, wia glücklich i daudrüb'r war.

I hau mi auf so en Sonntag bald mehr g'frait, als wia auf's Chrischtkindle. Mir sind für unsere dreiß'g Pfennig ganz vorna in d'r erschta Roih g'sessa und hand unsere Köpf in d' Heah g'schtreckt, wia viele Jauhr schpät'r beim Rasiera. D'r Klavierschpiel'r isch glei neab'r uns g'sessa, sodaß mir alles aus erscht'r Hand g'hett hand. Von Zwoi bis Viere warat mir guat aufg'hoba und hint'rher sind mir zum Michl hoimganga und hand mit deam seine Bleifigura da Film, dean mir grad erscht g'seah hand, so guat wia es ganga isch, nauchg'schpielt. A wund'rscheana Zeit, dia i a Leaba lang it vergessa hau. I hau au em Michl sei Muatt'r it vergessa, von der i soviel Guates erfahra hau. Wenn i von dauhoim a Geld kriagt hau, nau war dös a Fünferle od'r a Zehnerle und nau haut entwed'r a Markt od'r es haut in d'r Schual a Bäratreib'r od'r oin'r mit r'r Schlang dau sei müassa; ab'r nia dreiß'g Pfennig zom ins Kino ganga. Mei Muatt'r haut sich g'wundrat, wo em Michl sei Muatt'r jed'n Sonntag dös viele Geld für uns zwoi hernimmt. Dös war a so:

Zum Michl sein'r Muatt'r isch jed'n Sonntag a Hausfreind komma und dau haut sie ihren Bua und mi natürlich it guat braucha könna. Aus deam Grund haut sie ihren Bua ins Kino g'schickt. Und aus deam gleicha Grund bin i au in da Genuß von wöchentlich dreißig Pfennig komma, weil i doch em Michl sei bescht'r Freind war. 's Geld selb'r, also dia zwoimaul dreiß'g Pfennig, sind von deam komma, weaga deam mir ins Kino ganga hand müassa. Wenn mir zwoi, d'r Michl und i, dös dortmauls scha g'wißt hättat, wo dös Geld herkommt, nau wärat mir im Kino nomma ganz vorna auf'm Rasierplatz g'sessa, sondern mindestns in d'r fünfta od'r sechsta Roih, wo d'r zwoite Platz a'ganga isch. Und wenn mir alles g'wißt hättat, nau wärat mir mit Fleiß erscht'r Platz g'sessa, obwohl der für uns achtzig Pfennig koschtat hätt. I moin, dös wär's scha wert g'weasa.

Papa und Mama

Em Bäck'r Graf seine zwoi Kind'r warat scha elf und zwölf Jauhr alt, wo sie zu ihre Elt'ra all no Papa und Mama g'sait hand.

Eines Tages haut d'r Vat'r zua seine zwoi Kind'r g'sait: „Kind'r, i moin, ihr sind iatzt alt g'nua, daß ihr anschtatt Papa und Mama zu mir Vat'r und zuar Mama Muatt'r sagat. Papa und Mama, dös sagat die kloine Kind'r."

Die erschte Zeit hand sie sich scha gar it d'ra g'wöhna könna und sie hand zua de Elt'ra all wied'r Papa und Mama g'sait. Dau isch d'r Vat'r auf a ganz oifacha Idee komma, wia ma dös macha muaß, daß sich seine Kind'r dös ewige Papa und Mama endgültig abg'wöhnat. Er haut zua de Kind'r g'sait: "Iatzt machat mir dös a so, daumit ihr Papa und Mama und Vat'r und Muatt'r endlich ausanand'rhalta könnat. Zum Katzabaule sagat ihr ab sofort Papa, zur Kätze sagat ihr Mama und zu uns Vat'r und Muatt'r, nau ka nix meah fehla".

Dös haut de Kind'r eig'leuchtat und von deam Tag a isch es tadllos ganga. De zwoi Katza war es gleich wia ma zu eahne g'sait haut.

Eines schönen Tages, dia zwoi Kind'r warat ganz alloi in d'r Schtub, isch d'r Herr Pfarr'r zur Tür rei'komma. Dia zwoi Kind'r sind glei auf ihn zuaganga und hand ihm d' Hand geah. Wia sie nau d'r Herr Pfarr'r g'fraugat haut, wo Papa und Mama sind, haut d'r Bua ganz ernschthaft d'rauf g'sait: „Da Papa, dean hand mir in da Garta nausg'leicht, der haut nämlich grad in d' Kuche rei… g'macht", „und d' Mama" haut 's Mädle g'sait, „dia flackat im Koarahaus doba, dia haut gescht'rn sechs Junge kriagt".

D'r Herr Pfarr'r isch aus alle Wolka g'falla, wia reschpektlos dia Kind'r von ihre Elt'ra schwätzat. Zum guata Glück isch in dem Moment d'r Vat'r zur Tür rei'komma und haut da Herr Pfarr'r üb'r dös Missverschtändnis aufklärt.

Wia i beinah a'maul „Vat'r" woara wär

I hau's bis dau na gar it g'wißt, daß dös so leicht und schnell gaut. Passiert isch's in de Große Ferien 1929; dau bin i 14 Jauhr alt g'wea. I woiß es selb'r, daß dös scha arg früah war und i hau mi au g'schämt, ab'r dös haut au nomma g'holfa. Dös haut mir fei fürchtig zuag'setzt. Dau hau i mein Kopf beas hanga lau. Dös isch au mein'r Muatt'r aufg'falla. „Bua fehlt dir ebbes?" haut sie mi eines Tages g'fraugat. I hau ihr natürlich nix g'sait. I hau mir denkt, dös sieht und erfährt si no früah g'nua.

Wenn i bis dau na in de Auslaga no nauch de Schpielsacha, wia elektrische Eisabah, Dampfmaschi, Märklinbaukaschta usw. guckat hau, so hau i von deam Tag a wo's passiert isch, nauch ganz andere Sacha guckat. Von meim bißale Verschparta hau i glei a' maul a Millfläsch, drei Zapfa und a Schtramplhösle kauft und hau nau dia Sacha im Koarahaus, im Fehlboda verschteckt. Wia mi dia Verkäuferin g'fraugat haut, für wean i dia Sächala denn brauch, bin i fui'rroat woara und hau g'sait: „Für mei Muatt'r!". Bald d'rauf haut ma in Krumbach g'schwätzt, daß beim Egg no ebbes Kloines käm. Oi ganz G'scheita haut g'sait: „Gell, i hau's glei g'sait, wia ma beim Egg da Kind'rwaga verkauft haut, wenn na auf dös na it no ebbes Kloines kommt. Und dös in der ihrem Alt'r. Isch der Mah it dümm'r!" Mei Muatt'r, dia imm'rhin scha 42 Jauhr alt war, haut sich g'wundrat, waurom ihr d' Nauchbäure jed'n Tag zwoi Hennaoi'r schenkt, so freigiebig war dia sonscht nia.

Daß ausgrechnet mei Kusine von mir a Kindle kriagt, dös hätt mi hoimle no g'frait, wenn's it a so ernscht g'west wär, denn so bleibt's weanigschtens in d'r Verwandtschaft hau i mir denkt. Mei Kusine isch nauch de Große Ferien mit ihre Eltra meah hoimg'fahra, so, als ging sie's gar nix a. Sie haut scheints von mein'r innara Noat nix g'ahnt, schonscht hätt sie mir doch voarher no saga müassa, wia es mit uns zwoi weit'rganga soll. Eines Tages haut sie mir sogar no a Kart vom Oktoberfescht g'schickt, wo 's Münchn'r Kindle d'rauf war. Wia i dös Kindle g'seah hau, hau i mir denkt, wenn's na scha so groaß wär, nau wär mir leicht'r oms Herz. Wia's nau wirklich weit'rganga isch, isch schnell v'rzählt.

Weil i all weanig'r woara bin, i hätt bald in mein Kommunion-Anzug meah nei'paßt; ma sait it omasonscht, daß d'r Kumm'r und d' Sorga zehrat, haut mi mei Muatt'r auf d' Seita g'nomma und haut g'sait: „So, iatzt verzählscht mir was die druckt." Dau isch mir nau nix anderes übrigblieba, als ihr zum saga, daß sie „Großmuatt'r" wird. Mei Muatt'r isch leichablaß woara und haut g'sait: „Bua! sag, daß dös it wauhr isch. Dia Schand! So nix ka'scht du doch mit vierzeh Jauhr it sei. Hau i die voar deane Sacha it rechtzeitig g'warnat?"

„O mei Muatt'r" hau i d'rauf g'antwortat, „freilig hauscht du mi g'warnat, ab'r es isch halt so. Es isch passiert. Du hauscht doch selb'r zu mir a'maul g'sait, wo i die g'fraugat hau, wo die kloine Kindla herkommat, dia kommat, wenn sich zwoi Menscha ganz fescht in da Arm nehmat und sich kußat. Und i hau mei Kusine ganz fescht in da Arm g'nomma und hau sie kußat. Und iatzt wer i Vat'r und muaß a Familie ernähra, wo i doch no gar koin Beruf hau und wo i no gar it woiß, was i a'maul werda will. Dös woiß i g'wiß, daß i so schnell koi Mädle meah kuß und wenn' no so schea war."

So herzhaft und losgelöst hau i mei Muatt'r selta hära lacha, als wia auf mei Beicht na.

So haut ma uns Kind'r früah'r aufgeklärt. Heit woiß i's au, daß ma ebbes ganz anderes doa muaß, daß a Kindle kommt. Ab'r mir hand halt an dös, was d' Eltra g'sait hand, no g'laubt. Heitzutag werdat d' Eltra von de Grundschüal'r auf'klärt und dau ka ma sich bloß no wund'ra, was dia alles wissat und wia saudomm mir warat und au no sind.

Plötzlich haut mei Muatt'r au g'wißt, warom ihr d' Nauchbäure jed'n Tag zwoi Oi'r schenkt. „Woischt was," haut d' Muatt'r zu mir g'sait, „ dia land mir auf'm Glauba, daß bei mir no a Kindle kommt, denn dös bringt ebbes ei."

Auf jed'n Fall haut mei Muatt'r in deane neun Monat weit üb'r fünfhund'rt Oi'r zämabraucht und zwischanei haut sie von d'r Nauchbäure au no a alta Suppahenn kriagt. So groaß war der ihra Schadafreid.

Wia es in der Zeit beim Nauchbaura deana a'maul en Mordsschnall doa haut, haut mei Muatt'r g'sait: „Bua, iatzt haut's d' Nauchbäure erfahra, daß bei mir nix isch. Iatzt haut sie's verrissa!"

Buaba

Dau warat a'maul Buaba beianand'r:
mehrere, it bloß selband'r.
Dia hand sich unt'rhalta
vom Nuia, it vom Alta.
Halt was grad so „in",
vom Beat, Jazz und Swing.
Von d'r Raumfahrt, vom Iran,
von de Russa und von Afghanistan.
Von d'r Olympiade und vom Strauß,
vom Reagan und vom Weißa Haus.

Ganz b'sond'rs üb'r d' Feuerschtüahl,
sie hand ganz genau g'wißt, wiaviel
dia Sacha machat, was sie koschtat,
daß die verchromte nomma roschtat.
Kubik, PS und Rahmabau
und dös oine natürlich au,
daß d' Japan'r auf'm Markt
g'fährlich sind und schtark.

Dia Buaba hand scha arg viel g'seah,
sie sind fascht üb'rall scha g'wea.
Schweiz, Österreich, Italien,
in Frankreich und in Jugoslawien.
Sie kennat Lire, Drachmen, Franka,
Dinar, Pesetas und d' Auslandsbanka.
Sie hand au alles was es so geit,
mit was macht ma deane no a Fraid?

Dau kommt nau no a Bua
zua deane sechs d'rzua.
Der ka dau it mitschwätza
und dean dond se au glei trätza,
weil sei Vat'r bloß a arm'r Mah
und er selb'r mit nix a'geah ka,
als wia mit a paar guate Nota,
sowas moinat se, g'härt glatt verbota.
Er lachat bloß und bleibt ganz schtill,
denn er woiß scha was er will.
Er haut ebbes, was Goldes Wert,
was ihm ganz alloinig g'härt.
Ebbes, was no koin'r g'seah,
obwohl sie scha woiß Gott wo sind g'wea.
Und dös sait er deane au
und will nau d'rauf meah gauh.

Sie trätzat ihn umsomehr
und sagat, so zoigs doch her,
wenn du was zum zoiga hauscht –
wehe, wenn du die uns a'lüaga trauscht.
Sie bildat um ihn en Kreis,
daumit er es au glei weiß,
daß es hund'rtprozentig kracht,
wenn er en Rückzieh'r macht.

Und so nimmt er nau voar'm ganza Buabapack,
aus seim rechta Hosasack
a Zündholzschachtl raus.
Dau ertönt o Graus
a vielschtimmiges Protestgeschrei:
„Dös soll was Besonderes sei!"

Wia sie nau wend auf ihn gau,
bleibat plötzlich alle schtauh,
denn in d'r Schachtl, guck na grad,
liegt auf ma frischa Buachablatt
a Moikäf'r und schlauft – –
sie hand sich it a'maul um ihn g'rauft.
Sie sind ganz andächtig g'wea,
denn en Moikäf'r haut no koin'r g'seah.

Wia sie nau guckat hand lang g'nua,
nimmt ihn nau der oine Bua
und setzt ihn auf sein Dauma drauf,
haucht ihn a, der wachat auf,
seine Flügl dond sich rega
und bald d'rauf fliagt er d'r Sonn entgega.

Wia sie ihm erschtaunt nauchguckat
und a paar sogar 's Heila verdruckat,
dau merkt ma's nau ganz g'schwind,
daß es no so richtige Kind'r sind.

Die Kreissäge

Es gibt Erleabnis, dia ma a ganzes Leaba lang it vergessa ka. Hauptsächlich dia aus d'r Kind'r- und Jugendzeit. Es gibt scheane Erleabnis, grausige Erleabnis und weanig'r scheane Erleabnis. Oi grausigs war a'maul, wo bei mir dauhoim während ma schwera Wett'r, plötzlich a Kuglblitz in d'r Schtub hin- und her g'rast isch und dean i nau beim Fenscht'r nauslau hau müassa.

A scheanes Erleabnis war dös, wo i bei mein'r Firmung von meim Onkl, der mei Firmadotle g'macht haut, a Uhr g'schenkt kriagt hau. Er haut mir zwar a Uhr mit ma Schprungdeck'l verschprocha g'hett, ab'r dia hau i nau doch it kriagt. Wahrscheinlich haut Sui, meim Firmadotle sei Frau g'sait, dia kommt z' tuir und für mi dät es scha a oifacha Uhr. I hau mi trotzdeam mordsmäßig g'frait; an d'r Uhr, it an mein'r Tante.

Oi Erleabnis war grausig und zugleich schea. Dös will i v'rzähla. Mei Großmuatt'r und mei Onk'l sind wöchentlich zwoimaul ins Glaubholz g'fahra, weil ma zu der Zeit no ausschliaßlich mit Holz g'fuirat haut und weil es au billig'r komma isch. Nauch ma richtiga Schturm hand se a'maul soviel Holz hoimg'fahra, daß d'r ganze Hof voll war. Sogar meim Vat'r, der für sei Leaba gera 's Holz g'sägat und g'scheitat haut, war dös z' viel. Er hätt dau mindeschtens vierzeh Täg zum Säga g'hett. Dau isch er nau auf dia Idee komma, beim Nauchbaura deam sei Kreissäg zum verdleahna. Wia nau d' Kreissäg im Hof war, haut d' Muatt' r, dia g'wißt haut, daß d'r Vat'r zwoi linke Händ haut, g'sait: „Paß fei au auf, it daß du dir en Fing'r od'r die ganz Hand wegsägescht." „Halt mi doch it für blöd," haut d'r Vat'r drauf g'sait. Nau haut er 's säga a'g'fanga. D' Muatt'r, dia a zeitlang zuaguckat haut, haut g'seah, daß er sei Sach recht macht und isch beruhigt in's Haus nei ganga. Wenn mei Vat'r a'maul im Schaffa war, nau hauts koi Pause geah. D' Kreissäg haut schtundalang ununt'rbrocha kreischt. Um Zwölfe sind mir alle um da Tisch rom g'sessa und hand g'wartat, daß d'r Vat'r nau rei'kommt. Plötzlich war es dussa schtill, mäusleschtill. Und nau hand mir da Vat'r schreia hära: „Machat auf, um Himm'ls

Willa machat auf!" Mir alle sind doch a so verschrocka, daß sich koins rega hauɩ könna. „Iatzt isch es passiert!" haut mei Muatt'r leichablaß g'sait. „Bua lauf zum Dokt'r und sag, er soll sofort komma." Während i zur vordara Haustür naus bin , hat d'r Vat'r wied'r an die hintere Haustür na'klopfat und haut g'schria: „Ja so machat doch auf, es pressiert!" Mein'r Muatt'r, dia koi Bluat seah haut könna, isch es schlecht woara. Sie haut sich voarg'schtellt, wia er bluttriefend und verschtümmelt rei'kommt. „Ja Himm'l Herrgott sapp'rment macht denn niemand auf! I halt's schier nomma aus. Was für a Depp haut denn zuag'schperrt?" Dös haut d'r Vat'r ganz narrat g'schria. Mei Großmuatt'r, dia no am resoluteschta war, sie haut au d' Henna und Gäns g'metzgat, haut a leinanes Tuach g'hollat und isch zur hintara Tür ganga und haut aufg'schlossa. „Gabriel was isch passiert?" haut sie ihn g'fraugat und hautd'rbei guckat, wiaviel Fing'r od'r was für a Hand er wegg'sägat haut. Mei Onkl, der a ausgebildet'r Sanität'r war und der dau am eheschta helfa hätt könna, haut von all dem nix mitkriagt, weil er grad auf'm Häusle g'sessa isch. Und dau haut er all so laut mit sich selb'r g'schwätzt, daß er it g'härt haut, was im Hof dussa voarsich gaut. „Land mi na grad nei!" haut d'r Vat'r g'schtöhnt und isch nau im G'sicht grasgrea, d' Schtiaga naufg'schpronga. Wia er nau voar'm verschlossana Häusle g'schtanda isch und wia er nau endlich nei'könnt haut, war es bereits z'schpät, dau haut er glatt voar'm Abort in d'd Hos g'... (g'macht).

Wia i nau mit'm Dokt'r komma bin und wia der nau g'fraugat haut, wo d'r Schwerverletzte sei, i hau ihm auf'm Herweag furchtbare Sacha verzählt, haut er in deam Fall it ei'greifa könna. Dau haut a Schäffle voll warmes Wass'r mehr g'nützt, als wia d'r schönschte Verband vom Dokt'r.

Daumit d'r Dokt'r da Weag it omasonscht g'macht haut und er auf sei Rechnung komma isch, haut der em Vat'r a Mitt'l gega da Durchfall verschrieba.

So haut sich dös grausige Erleabnis in oi für uns alle, scheanes Erleabnis verwandlat. „Schea" isch zwar au it d'r richtige Ausdruck, wenn i mir dia Sach so voarschtell. Daß mei Vat'r in d' Hos g'macht haut, dös haut mi am moischta g'frait, weil er mi scha a paarmaul ungerechter Weise en Hosascheiß'r g'hoißa haut. Wer scha a'maul in so r'r Situation voar'm verschlossana Häusle g'schtanda isch, der woiß, was mei Vat'r dortmauls mitg'macht haut.

Es brennt!

Beim letzschta schweara Wett'r, dös üb'r Krumbach wegganga isch und wo es ei'g'schlaga haut, isch es mir meah ei'g'falla. I war grad zwölf Jauhr alt, wo dös passiert isch. Weil es mir gar koi Ruah meah g'lau haut und weil i jed'n Tag auf'm Schualweag dös a'brennte Haus seah hau müassa, hau i mir denkt, iatzt gang i zom Beichta und sag alles. Wia i nau im Beichtschtuahl mit meine Sünda fertig war und d'r Herr Pfarr'r mi losg'schprocha haut, hau i mit'm Nausganga so lang romdrecklat, bis es d'r Herr Pfarr'r g'merkt haut. Wia er nau zu mir g'sait haut: „Martin hast du noch was auf dem Herzen, etwas was dich bedrückt?" hätt i am liabschta „nein" g'sait und wer ganga. Ab'r im Beichtschtuahl dinna lüaga, dös hau i mi döttmauls doch it traut. Und so hau i halt rausdruckt, daß es mei Schuld sei, daß es beim Roata Baura brennt haut. Nauch r'r längara Pause, dia d'r Beichtvat'r braucht haut, bis sei Schtimm meah a'ganga isch, haut er zu mir bloß g'sait: „Komm mit mir in die Sakristei." Und dau hau'm i nau unt'r vier Auga v'rzählt, wia i zum Brandschtift'r woara bin.

Jedes Jauhr in de Groaße Ferien, sind mei Onk'l und Tante aus Müncha und meine zwoi Kusina, zu uns auf B'suach komma. I hau mi dau weanig'r auf dia oine Taf'l g'füllta Schoklad g'frait, dia mir vier Kind'r mitanand'r kriagt hand, als auf mei Kusine Magda, dia mit mir in deane sechs Wucha Ferien, durch Dick und Dünn ganga isch. Mir zwoi warat unzertrennlich und sie hätt leicht a Bua sei könna, so tapf'r haut sie sich in alle Situationa benomma. Sie isch mit mir zum Fischa ganga, mir hand mitanand'r Maulwurffalla ausgraba und hand dia, nauchdeam mir dia hand leer zuaschnappa lau, daumit de arme Maulwürf nix g'schieht, meah ei'graba. Mir hand Toataköpf aus de Kuahrüaba g'schnitzt, hand Äpf'l und Birna g'schtohla und hand mitanand'r barfuaß Ähra g'leasa. I hau ihr zoigat, wia ma mit Pfeil und Boga schiaßt und wia ma Pfeifla macht. Eines Tages haut sie mir zoigat, wia ma kussat. Dös war au koi wüaschtes Schpiel; bis nau „Sui" d' Tante, d'raufkomma isch. Ab'r dös war Gott sei Dank erscht viel schpät'r.

Weil i doch vom Land war, war mir d' Natur mit ihre Geheimnisse viel vertraut'r, als wia ihr aus d'r Großschtadt. Und wia i g'merkt hau, daß i ihr dau weit üb'rleaga bin, hau i a'weng üb'rtrieba. I hau Hexa und Goischt'r aufmarschiera lau und wenn sie sich desweaga g'forchta haut und in ihr'r Angscht an mi na'-g'schlupft isch, nau war i ihr Held und Beschütz'r.

Eines Tages hau i ihr voarg'schwindlat, daß i die Macht häb, jed'rzeit a richtiges Wett'r komma zum lau. I bräucht in deam Fall bloß a gewisse Bloam brocka, dia bloß i kenn und d'rzua en Zaub'rschpruch saga, dean au bloß i kenn, nau kommt no an deam Tag a richtiges Gewitt'r. Weil mi auf dös na mei Kusine ganz erschtaunt und zugleich bewundernd a'guckat haut, hau i die Probe auf's Exemp'l g'macht.

Sie haut müassa weggucka, daumit sie it sieht, was i für a Bloam abbrock und nau hau i it bloß oi Bloam für a leichtes Wett'r, sond'rn glei drei Bloama für a ganz schweres Wett'r abbrockat – und dös war mei groaß'r Fehl'r.

Obwohl d'r ganze Himm'l blau und weit und broit koi Wolk am Himm'l war, haut sich auf da Aubad na a Wett'r zämazoga. Mir war dös bloß recht, weil i doch mein'r Kusine beweisa wollt, was für geheime Kräfte in mir schteckat. A Schtund schpät'r war alles rabaschwarz und es haut gar nomma lang daurat, nau haut es blitzgat und donnrat, daß i's selb'r mit d'r Angscht zom doa kriagt hau. Hätt i Depp doch bloß oi Bloam brockat, ab'r noi, drei hand es sei müassa. Wia 's Wett'r nau glücklich üb'r uns nom war, isch beim Roata Baura 's Fuir ausbrocha. „Es brennt! Es brennt!", haut mei Vat'r g'schria, „beim Roata Baura brennt's!" Mir zwoi, mei Kusine und i, mir hand uns bloß a'guckat. So bin i zum Brandschtift'r woara.

Wia i dös vom „Wett'rbloama abbrocka" em Herrn Pfarr'r ei'bschtanda hau, haut der in d'r Sakristei hell aufg'lachat, so, daß glei sei hochwürdig'r Bauch g'hupft isch. Er haut zu mir nau g'sait: „Martin, mache dir wegen den Wetterblumen keine Sorgen, denn die waren da wirklich nicht schuld. Schuld war ein Wachsstock, den man beim Aufräumen gefunden hat. Wie der beim Roten Bauren ins Heu hineingekommen ist, das weiß nur der liebe Gott."

Dös vom Wachsstock hau i natürlich mein'r Kusine it v'rzählt, zwecks meim Nimbus. In der ihre Auga war i allaweil no der, der wenn er will, a richtiges Wett'r komma lau ka.

Mei Kind'rparadies

Wenn i zwischanei auf Krumbach komm,
guck i mi z'eascht im Schtädtle om.

I mächt mit meine eigane Auga seah,
was seit em letzschtamaul isch g'scheah.

Ich mach all meah da gleicha Weag,
hinta nei bis zom Kamm'lschteag,

dua dau nauch de Fischla gucka,
wenn's nemad sieht, in's Wass'r schpucka.

I gang nau weit'r, voarbei am Schloß,
unta rom bei'm weißa Roß,

Marktplatz, Bruckbäck, Mant'lschtrauß
und langsam meah auf Hürba naus.

Gang nau üb'r Wiesa, Feld'r, Aua,
dua au tiaf in da Wald nei'schaua.

Suach alle Plätzla näh und weit,
dia mi erinn'rat an mei Jugendzeit.

Und nau schtell i fescht, o Schreck,
scha wied'r isch a Eckle weg

von mei'm Kind'rparadies,
dösmaul isch's d' Zigein'r-Wies.

S' letzschtemaul war's, i ka's no it fassa,
a herzig's Häusle in d'r Kapellagassa.

Mei Herz, es schlägt ganz fürchtig laut,
denk i d'ra, wia's wohl weit'rgauht.

Es wird so langsam fremd und leer,
wo früah'r rings um mi her,

d' Flied'rbüsch und Schträuch'r blüaht,
wo d' Schtärla hand ihr Aubadliad,

vom Bierabaum und Telegrafadrauht,
mal innig zart, mal kräftig laut,

schier, daß ihra kloina Bruscht zerschprunga,
bis weit in da Aubad nei hand g'sunga.

Dau bin i oft am Fenscht'r g'sessa,
hau alles was mi druckt, vergessa.

Und in d'r laua Somm'rluft,
war so a oigan'r, süaß'r Duft.

Dös war wia a schean'r Traum,
der komma isch aus'm alta Lindabaum.

Au dia Linde isch längscht verschwunda,
was hau i an dean'r meine Knia zerschunda,

it bloß, om in ihre Äscht zum Hocka,
noi, i hau müaßa ihre Blüata brocka.

Mit Brombeerblätt'r, Pfefferminz, Kamilla,
hau i müaßa Muatt'rs Säckla fülla.

Junge Tannaschpitz zum Honig-macha,
Has'lnüß und Biachala zom Loibla-bacha,

Hagabutta und au Doaraschlea,
alles haut's in Fülle geah.

Für jedes leibliche G'frett,
hand mir früah'r a Kräutle g'hett.

Und wenn i iatzt no so suacha dät,
dös zum finda, isch iatzt z'schpät,

denn, wona i au guck und schau,
von all deam isch nix meah dau.

Wo mir als Kind'r g'schpielt im Sand,
wo mir Saudipfla und Kug'lomma hand,

wo mir d' Jakobi-Äpf'l klaut,
wo mir Burga und Schlöss'r baut,

wo mir Frösch und Krebs hand g'fanga,
wo mir send zom Ähra-leasa ganga,

ja, i här scha von selb'r auf,
dau schtandat iatzt laut'r Häus'r d'rauf.

Was send mir am Wäss'rle g'sessa,
hand d'rbei d' Schual und allz vergessa.

Hand Schiffla g'schnitzt aus Föhrarinda,
dia warat dinn, im Wald zom finda,

hand nau d' Schiffla g'setzt in's Meer,
sind g'schprunga und g'loffa neabaher,

ganz schea weit, i muaß scha sa,
vom Krombad duß, bis zom Schteig'r na.

Wo mir Küahrüaba hand g'schtibitzt
und aus deane Doataköpf hand g'schnitzt,

wo mir Kohlrabaschnitz hand g'essa,
wo mir sind am Kartoff'lfui'r g'sessa,

wo mir d' Maulwurffalla g'schtellt,
wo aus'm goldana Koarafeld

d'r rote Mohn haut g'lacht,
dau hand se laut'r Häus'r d'rauf g'macht.

A ganz a liabes Plätzle hau i g'wüßt,
dau hau i mei erschtes Mädle küßt.

Auf ma Bänkle sind mir g'sessa,
i hau dös Plätzle it vergessa,

doch, wia i au suach und schau,
dös Bänkle, dös isch nomma dau.

Gar it weit von mir dauhoi,
dau war a schean'r Wiesa-Roi.

Mir hand dau g'schpielt, von früah bis nacht,
sind quargalat, hand Butzaschtenkal'r g'macht.

So wia i dös Bänkle hau it g'funda,
isch au der Wiesa-Roi verschwunda.

An mein'r Schtrauß z'na und z'na,
ihr wissat's sell, i briecht's it sa,

sind Obschtbäum g'schtanda, na g'rad g'nua
und war i dött au no a kloin'r Bua,

hau i trotzdeam g'schriea recht laut,
wenn ma dia Bäum verschteigrat haut.

Doch, wia i au guck und schau,
von deane Bäum isch nix meah dau.

Wo mir im Wint'r g'rodlat hand,
wenn tiaf verschneit war 's ganze Land,

Wo mir Schprungschanza baut,
g'schriea und bellat hand recht laut,

dau isch, ihr wissats alle au,
zom Rodla und Schleifa nix meah dau.

So könnt i lang no weit'rmacha,
es isch mehr zom Heina, als zom Lacha.

Von all deam, was mir liab und wert
und was zu mein'r Kindheit g'härt,

isch vieles ganz and'rscht heit,
fremde Häus'r, fremde Leit.

Au d' Schprauch isch nomma echt
und manches Bild, dös paßt recht schlecht

in mei alta Hoimat nei,
doch d' Zeit isch so, es muaß so sei.

Vielleicht liegt au d' Schuld an mir,
weil i all dös so b'sond'rs g'schpier.

I hätt koin Grund zom jamm'ra au,
denn's Schloß und Kirch, dia sind no dau.

Und dia zwoi, i muaß scha sa,
dia land mei Herz meah fröhlich schla.

So lang dös Krumbach in sich hat,
bleib'ts mei liaba Hoimat-Schtadt.

Drei Ostererzählungen:

Karfreitag
Die Speisenweihe
Ein Paar Lackschuhe

Karfreitag

D'r Karfreitag war all so a Tag, auf dean ma se als Kind nia so richtig g'frait haut. 'S oinzig Guate an ihm war, daß dau schualfrei war und daß es am Mittag Froschschenk'l und Hefanudla geah haut. Sonscht hand mir Kind'r uns schtreng an dös halta müassa, was in uns'rm Haus scha jahrzehntelang Brauch und Sitte war. Mir hand an deam Tag auß'rm Kaffee in d'r Früah koin Tropfa trinka derfa und hand bloß oi'maul g'nua zom Essa kriagt, sofern ma se an Froschschenk'l und Hefanudla üb'rhaupt sattessa ka. Mir hand it pfeifa, it singa und it lacha derfa. Mir hand in a Beatschtund ganga müassa, wo d'r schmerzhaft Roasakranz so fürcht'rlich lang daurat haut.

An oin Karfreitag ka i mi no guat erinn'ra. Dau war es warm wia im Hochsomm'r und dementschprechend war uns'r Durscht. I här's heit no, wia mei Großmuatt'r mei Muatt'r g'fraugat haut: „Fanni, was machscht du an deane zwoi Fei'rtäg für a Fleisch? Und dau haut mei Muatt'r nau g'sait: „I hau zwoi Pfund Rindfleisch hoimg'nomma und dau mach i nau en Sau'rbrauta." Mi haut dös weit'r it g'schtört, denn vom Fleisch hand mir Kind'r nia viel g'schpürt. Für uns war d' Soß und in deam Fall d' Schpatza wichtig'r. Weil ma en Sau'rbrauta scha a paar Täg voar in da Essig legt, haut mei Großmuatt'r no g'sait: „Paß ab'r auf, d'r Essig isch mir dösmaul b'sond'rs scharf g'rauta." I muaß d'rzua saga, daß mei Großmuatt'r 's Kraut, da Essig und da Senf selb'r g'macht haut. Weil a Frau und a Muatt'r am ma Karfreitag no en Haufa Arbat haut, wia Oi'rfärba, Lämmle und Hefekranz bacha, 's Körble für d' Schpeisaweihe herrichta usw., sind mir Kind'r mit'm Vat'r guate zwoi Schtund im Wald schpaziera ganga. Wia mir meah hoimkomma sind, warat mir doch a so verlechnat, durschtig isch dös, daß mir voar trocka sei kaum no a Wort rausbraucht hand. Ab'r wia g'sait, es war Karfreitag und d'r liebe Gott haut au Hung'r und Durscht leida müassa. Und wia er nau g'sait haut „mich dürstet", haut ihm a römisch'r Soldat en Essigschwamm g'reicht. „Martin", haut d' Muatt'r zu mir g'sait, „gang in da Kell'r na und hol mir in deam Krüagle en Essig rauf." Wia mi d'r Vat'r mit ma Krüagle g'seah haut, isch ihm sei arg'r Durscht ei'g'falla. „Wart", haut er zu mir g'sait, und wia d' Luft nau rein war, haut er mir sei Halbekrüagle in d' Hand druckt. „Bring mir mei Krüagle voll'r Moscht mit, d' Muatt'r derf's ab'r it seah und it wissa." I bin in da Kell'r ganga und hau oi Krüagle voll'r Moscht und 's andere voll'r Essig g'macht. I muaß zua mein'r Ehr saga, daß i im Kell'r donta koin Tropfa Essig tronka hau, daufür omso mehr Moscht. D'r Vat'r haut sei Krüagle g'nomma und isch mit ihm in d' Holzhütte naus, daumit's niemand sieht, daß er da Karfreitag bricht. Er haut en herzhafta Schluck g'nomma, so a richtiges Maul voll – und nau war er schtill – mäusleschtill. Denn dau haut er krampfhaft nauch Luft g'schnappat. Und plötzlich isch er kloi und all no kloin'r woara, so haut ihn d'r Essig zämazoga. Er war so kloi, daß er leicht da Oascht'rhas für uns Kind'r macha hätt könna. Wia er nau schpät'r in sein'r ganza Greaße meha daug'schtanda isch, hau i von ihm am Karfreitag scha sei Oascht'rg'schenk kriagt, obwohl d' Muatt'r zu mir g'holfa und zum Vat'r g'sait haut: „Dös g'schieht dir ganz recht, ma bricht it da Karfreitag."

D'r Sau'rbrauta war au it dös, was er hätt sei solla, weil i ja da Essig mit'm Moscht verwechslat hau. 'S Fleisch isch also zwoi Täg anschtatt im Essig, im Moscht g'leaga. Von d'r Soß hau i so a nettes Schwipsle kriagt, daß i Nauchbau'rs Goißbock durch da Zaun durch an meim roata Zuck'rhas hau schlecka lau. Abwechselnd, zwoimaul i, oi'maul er. Dös haut Folga g'hett. Wia mir am Oascht'rsonntag-Nametag beim Kaffee beianand'r g'sessa sind, haut d' Muatt'r a paarmaul g'sait: „Dau henna goißbockalats" und haut d'rbei da Vat'r a'guckat. Ab'r der haut it d'rfür kennt, dös war i und mei roat'r Zuck'rhas.

Dös muaß i abschließend zua mein'r Karfreitagserzählung au no saga. Ma haut zu uns Kind'r g'sait, wenn ma am Karfreitag ebbes trinkt, auß'rm Kaffee in d'r Früah, nau haut ma 's ganze Jauhr üb'r Durscht. Dös isch fei wauhr. Mei Vat'r haut 's ganze Jauhr üb'r en fürcht'rlicha Durscht g'hett.

Die Speisenweihe

An de Oascht'rsonntag war es Brauch, daß ma zur Speisenwei-he ganga isch. Ma haut bei mir dauhoim a Körble g'richtat, mit g'färbte Oi'r, Salz, a Schtuck Hefekranz, a groaßes Schtuck Schwarzbrot und mit ma kloina Schtückle Rauchfleisch. Mitta in's Körble nei haut ma 's Oscht'rlämmle mit'm Auferschtehungsfäh-nale neig'setzt. Dös Körble zom Weiha traga, dös war a Ehr und a Auszeichnung. I als Bua hau es nia traga derfa. I hau ja drei Schwescht'ra g'hett. Dös Körble haut ma in d'r Kirch hint'r sich auf d' Bank g'schtellt. Heit könnt ma dös Körble nomma guat hint'r sich na'schtella, weil ma iatzt in d'r Kirch mehr hockat als wia kniaglat. Nauch d'r Meß war d' Weihe. Dau isch ma mit'm Körble om da Altar romg'laufa und haut g'hofft und guckat, daß ma von d'r Weihe möglichscht viel verd'wischt.

Nau isch dia Zeit komma, wo ma sei Körble glei an da Altar vorg'schtellt haut. Dau haut ma Sacha seah könna. Manche hand ganze Wäschkörb voll'r Schokladoi'r, Pralinaschachtla, Riesen-schokladhasa und ganze Torta g'hett. Halt alles, bloß koi Brot und koin roata Zuck'rhas haut ma bei deane seah könna. Es war a reg'lrechtes Zurschaustella und a gegenseitiges Üb'rtrumpfa. Und a jedes von deane haut trachtat, daß sei Korb möglichscht näh am Altar isch. Oi ganz Bigottischa, i hoiß se „Theres", haut gar a'maul a paar Körbla g'nomma und auf d' Seite g'schtellt, dau-mit sie ihren Korb ganz näh an die erschte Altarschtuf na'schtella haut könna. Weil bei deane Körbla, dia sie oi'fach auf d' Seita g'schtellt haut, au 's unsrige d'rbei war, hand dös meine Schwescht'ra dauhoim v'rzählt. Was mei Muatt'r dauzua g'sait haut, dös derf i it wied'rhola, weil sonscht wied'r a Oascht'rbeicht fällig wär.

I hau mir dös von weaga uns'r Körble wegschtella guat g'merkt und bei d'r Schpeisaweihe im nägschta Jauhr, hau i solang g'schwätzt, bis i uns'r Körble traga hau derfa.

I hau uns'r Körble erscht an da Altar fure g'schtellt, wia d'r Korb von d'r Theres ganz protzig auf d'r zwoita Altarschtuf g'schtanda isch. Dau bin i nau herganga und hau beim Na'schtelle von uns'rm Körble, ganz schnell ebbes von meim Hosasack rausg'nomma und in d'r Theres ihren Korb nei'g'legt. Und nau hau i in mein'r Bank g'wartat, was so alles passiert. D' Sonn haut beim Kirchafenscht'r reig'schiena und haut da Korb vom Frailein Theres voll troffa. Es war a warm'r Oascht'rsonntag, wia ganz selta. Bis zur Opferung haut d'r Herr Pfarr'r scha a paarmaul missbilligend seine zwoi Minischtranta a'guckat und haut d'rbei sei hochwürdiga Näs naufzoga als ob. D' Minischtranta hand ganz unschuldig zum Herrn Pfarr'r naufguckat, weil sie wirklich it d'rfür kennt hand. Voar d'r Wandlung haut d'r Herr Pfarr'r zu oim Minischtranta ebbes g'sait. Der haut en fui'rroata Kopf kriagt und haut sein Kopf nau g'schüttlat, als wollt er saga: „I war's ganz g'wiß it." Je läng'r d' Sonn auf und in da Korb von d'r Theres g'schiena haut, omso unruhig'r und narrat'r isch d'r geischtlich Herr woara. Er haut allhui sei Näs in d' Luft g'schtreckt und haut jedesmaul so vielsagend d' Minischtranta a'guckat. Nauch d'r Wandlung muaß er plötzlich d'raufkomma sei, wo dös herkommt, was ihm so saumäßig in d' Näs gaut. Er haut en Minischtranta zu sich komma lau und haut deam ebbes ins Oahr g'flüschtrat. Der Minischtrant isch nau herganga und haut da Korb vom Frailein Theres g'nomma und haut dean nau ganz weit wegg'schtellt. Ma hauts an sein'r Näs und an seim Grinsa g'seah, daß in deam Korb ebbes dinna isch, wo so fürchterlich duftat. Dös war a Sensation in uns'rm kloina Kirchle. D' Leit hand ihre Köpf zämag'schteckt, hand mitanand'r tuschlat und hand d'rbei schadafroah nauch dean'r guckat, dia am liabschta da Herr Pfarr'r am Altar vorna zur Red g'schtellt hätt. Nauch d'r Meß isch sie glei in da Pfarrhof nei und haut sich energisch beschwert. Daud'rauf haut d'r Herr Pfarr'r g'sait, daß ma ihm it zuamuata ka, daß ma ihm en ganza Feschtgottesdienscht lang en vollreifa, ordinär schtinkenda Backschteinkäs voar d' Näs setzt, wo er dean sowieso it riacha ka. Und bisher sei es no it üblich g'weah, daß ma en Backschtoikäs zum Weiha trait.

Wer dean ordinär schtinkenda Backschteinkäs in da Korb von d'r Theres neig'legt haut, dös isch Gott sei Dank it aufkomma.

Bloß mei Muatt'r haut a leisa Ahnung g'hett; denn wia sie dean Backschteinkäs mit viel Zwiebl, Essig und Öl für da Vat'r a'macha haut wölla, war er nomma dau – – d'r Käs.

Daumit der Käs bis zur Weihe au so richtig reif und laufig woara isch, hau'n i a paar Täg lang mit in mei Bett nei'g'nomma. Bua dös war a G'ruch, ab'r es haut sich rentiert.

Ein Paar Lackschuhe

Bei mir dauhoim war es früah'r üblich, daß ma auf Oaschtra ebbes Nuies kriagt haut. Ebbes Nützliches und dringend Noatwendiges. Zum Beischpiel en nuia Huat, a Paar nuie Schuah und wenn es ganz hoach herganga isch, en nuia Anzug.

Oi'maul war es bei mir so weit, daß i auf Oascht'ra mein erschta Huat kriagt hau. Weil ma schparsam war und weil der Huat a paar Jauhr lang ganga haut müassa, haut ma mein erschta Huat wohlweislich om drei Nomm'ra z' groaß kauft. I woiß es no guat, wia ma mir mein erschta Huat aufprobiert haut und wia ma mi nau g'fraugat haut, wia er mir g'fällt, hau i mit Blickrichtung zum Schpiagl schei'heilig g'sait: „Guat, recht guat sogar.", obwohl i mi im Schpiagl gar it seah hau kenna. It, weil i z' kloi g'west wär, noi, weil mir der Huat bis weit über meine Oahra na'ganga isch. Wia nau d'r Verkäuf'r zu mein'r Muatt'r g'sait haut, daß der Huat für mi scha arg groaß sei, haut mei Muatt'r d'rauf g'sait: „Dös macht nix, der Bua wächst scha no d'rinn nei." Es war Huatnumm'r 58, i hau heit no Numm'r 55. I g'här also it zua de Groaßkopfate. Liab'r en kloina Kopf und a'weng ebbes dinn, als wia en groaßa Kopf und nix dinn. D'rom bin i au nia in d' Politik ganga, dau sind so scha viel zu viele mit groaße Köpf. Ja, so isch es mir mit meim erschta Huat erganga. Weil er mir allaweil om dia drei Nomm'ra z' groaß war, hau'n i moischtens an d'r Hand traga. „Mit dem Hute in der Hand, kommt man durchs ganze Land".

Genauso isch es mir au mit meine erschte A'züg ganga. Wenn i oin kriagt hau, nau haut ma it mi zum A'probiera mitg'nomma, noi, nau isch mei Vat'r nei'gschlupft. Und wenn der sich in meim A'zug wohlg'fühlt haut, nau hau i mi in ihm au wohlfühla müassa. So richtig paßt haut so a A'zug erscht nauch so zwoi, drei Jauhr. Oi'maul hand mir meine Eltra en A'zug vom Ob'rpolling'r aus Müncha mitbraucht. Weil d'r Vat'r en längera Abstech'r in's Hofbräuhaus g'macht haut, haut dös oinmaul d' Muatt'r für mi da A'zug rausg'suacht. Weil sie, wia halt d' Müatt'ra so sind, mit mein'r Figur a'geaba haut wolla, haut sie für mi en Anzug kauft, wo i da Kitt'l, da Sakko, leicht als Mant'l traga hätt kenna. D' Hos haut ma dreimaul abnehma müassa, nau war sie glücklich z' kurz.

Dös nauch Müncha fahra haut sich scha gar it rentiert, denn d'r Vat'r haut im Hofbräuhaus sein nag'lnuia Schirm schtanda lau und wia er im Zug nau d' Notbrems zoga haut, hätt er von deam Geld was dös koscht haut, leicht en nuia Schirm kaufa könna.

Oi'maul hau i auf Oaschtra a Paar wund'rscheane, schwarze Lackhalbschuah kriagt. Dia Schuah vergiß i nia, so schea warat dia. Dia hand glänzt, daß ma sich schpiagla haut kenna. Dau war i grad 15 Jauhr alt. Wia halt alles z' groaß war, so warat au dia Lackschua z' groaß. Doch it glei om drei Nomm'ra wia bei meim erschta Huat, sondern bloß om zwoi. Mit 15 Jauhr isch alles no a bißale ungewiß und durchanand'r. Dau haut ma da Schtimmbruch, a Mordsnäs und Pickl im G'sicht. Dau wächst it bloß d'r Bart, dau wachsat au no d' Händ und d' Füaß. Und aus deam Grund haut ma au dia Lackschuah om zwoi Nomm'ra z' groaß kauft – zwecks'm nei'wachsa. Wenn i au bei jed'm Schritt hintarausg'rutscht bin, so bin i an deam Oscht'rsonntag doch schtolz wia a Gockal'r durch d' Schtrauußa von Krumbach marschiert. So wia i, hand au andere Buaba nuie Lackschuah kriagt. Am Nametag haut ma sich auf'm Fuaßballplatz troffa. Irgend oin'r, i woiß nomma wer, haut en richtiga Fuaßball mitbraucht. Deam haut d'r Oascht'rhas en Fuaßball ins Nescht nei'g'legt. Es haut scha a zeitlang braucht, denn mei innere Schtimme war auf d'r Seite von meine nuie Lackschuah, ab'r nau warat mir plötzlich zwoi Mannschafta. Mei Mannschaft war Deutschland, die andere warat d'

Engländ'r. Heana und deana hand de schwarze Lackschuah im Kampf und in d'r Sonna glänzt. Weil mir Deutsche es de Engländ'r a'maul zoiga hand wölla, hand mir mit'm ganza Einsatz g'schpielt. Lang isch es Null zu Null g'schtanda, bis i im englischa Schtrafraum g'legt woara bin.

„Dean Elfmet'r schiaß i", hau i g'sait. Es war niemand d'rgega. Dös war iatzt der Moment, wo i ganz alloinig d' Engländ'r besiega hau könna. Dös Gefühl muaß ma sich a'maul voarschtella. I hau dös so richtig genossa. I bin guata dreiß'g Met'r a'g'laufa, hau mei ganza Wucht und Kraft in den Elfmet'rschuß neig'legt – und hau nau so in da Boda nei'g'haua, daß mei recht'r Lackschuah in d'r Mitt ausanand'r brocha isch.

Dean Oascht'rsonntag vergiß i nomma. Mei All'rwertescht'r haut am Aubad so en Glanz g'hett, wia meine Lackschuah voar'm Fuaßballspiel; bloß it schwarz, a scheanes, leuchtendes pavianrot.

April

Ma ka saga was ma will,
ab'r iatzt im Monat April,

dau grünt's wied'r:

Auf de Wiesa und Feld'r,
in de Gärta und Wäld'r.

Dau singt's wied'r:

Finka, Amsla und Meisla
und d' Schtara auf ihre Häusla.

Dau blüaht's wied'r:

Krokus und Veigala im Garta
und no viel'rloi Arta:

Tulpa, Hyazinta, Narzissa,
sie alle land uns wissa,

daß es, so wia i sag,
schean'r wird mit jed'm Tag.

Ernste Absichten

I hau a'maul a Mädle aus einem sogenannten besseren Hause
pussiert. In der Zeit hau i mi b'sond'rs zämag'nomma – besonders
zusammen genommen. I hau sogar, so guat es ganga isch, hoch-
deutsch g'schprocha. I hau zum Beischpiel it g'sait, daß mir dauhoim a Sau, Henna, en Gockal'r und Gäns hand und daß dös Ziif'r
mein'r Großmuatt'r g'härt, dia von ma Baurahof abschtammt,
sondern i hau g'sait:

„Wir haben zu Hause ein Schwein, Hühner, einen Gockel, Gänse und eine Großmutter, die von einer größeren Landwirtschaft abstammt." So vornehm hau i zu der Zeit g'schprocha. Au meine Umgangsforma sind kultiviert'r woara. Meine Eltra und G'schwischt'r hand von mir bloß no g'sait, der schpinnt, dean haut es ganz schea verd'wischt. Dös isch au wauhr. I bin so schpinnig woara, daß i an oim Tag oft drei frische Hemat'r – drei frische Hemden – a'zoga hau. Oi Schwescht'r haut dauernd für mi bügla müassa. Zu jed'm Essa hau i a weißa Serviett verlangt und mein Vat'r hau i schtrafend a'guckat, wenn er nauch m Essa en zufriedana Kopper g'lau haut. Einen zufriedenen Kopper getan hat. Selbschtverschtändlich hand sie mir in der Zeit alles mit Fleiß doa.

Wia g'sait, i bin in dös Mädle ganz weg g'wea. Dös war a'maul ebbes anderes. Bevoar i sie zum erschtamaul mit hoimg'nomma hau, hau i meine Leit unt'rrichtat, wia sie sich verhalta müaßat, daumit sie au en guata Eindruck von uns haut.

Ab'r es isch nau alles viel leicht'r und ungezwungener ganga als wia i g'moint hau. Sie haut nämlich von unserem Johannisbeerwein so a nettes Räuschle g'hett, daß sie bei meim Vat'r a paarmaul so richtig herzhaft g'schnupft haut. Beim Niasa isch ihr nau d'r Gummi von ihr'r Schlupfhos platzt, sodaß sie von mein'r Muatt'r a Hos verd'leahna haut müassa. Dös haut mir so imponiert, daß i daudrüb'r ganz glücklich war und i mir voarg'nomma hau, dia und koi andara.

Wia sie mi eines Tages ihre Eltra voarschtella haut müassa, ihr Vat'r war a höher'r Beamt'r, a Regierungsrat, iahra Muatt'r schtammt aus ma Dokt'rhaus, hau i ganz schea Angscht kriagt. Mei Muatt'r haut mi dau d'ra erinn'rat, daß i mein'r zukünftiga Schwieg'rmuatt'r Bloama mitbringa und ihr ohne Papier nau üb'rreicha muaß. I woiß es no guat, i hau en Schtrauß Löwenmaul kauft, dia warat am billigschta. Und vor allem soll i voarsichtig sei und nix verschprecha, haut mei Muatt'r g'sait, denn in deam Haus haut ma vier heiratsfähige Töchtra und dau sei ma trotz em Vornehmsei recht froah, wenn von deane vier Mädla oina weggaut. Mei Vat'r haut no g'moint, wenn i wirklich ernste Absichta hau, nau soll i d' Katz it im Sack kaufa.

Mit ma Schtrauß Löwenmaul und mit de guate Ratschläg von meine Eltra bin i loszoga. Bei ihr dauhoim sind alle im sogenannten Salon beianand'r g'sessa und hand auf mi g'wartat. In d'r Aufregung hau i d' Bloama ei'g'schoba und hau 's leere Papier üb'rreicht. Beim Essa isch es soweit ganz guat ganga; bis auf dia sieba od'r acht Leab'rschpatza, dia mir auf da Boda g'falla sind und dia i, daumits niemand sieht, mit de Füaß unt'r da guata Pers'rteppich nei'g'schoba hau. Bei d'r Nauchschpeis, es haut ei'g'weckte Mirabella geah, war i d'r oinzig am Tisch, der d' Schtoin'r mitgessa haut. Zum guata Glück haut es koine Ringlotta od'r Pfirsich geah, denn dau hätt i mir mit de Schtoin'r na'schlicka voarher und hint'rher it so leicht doa.

Wia i nau beim vierte Gläsle Importwein meine Hemmungen verloara hau, haut plötzlich d'r Regierungsrat an sei Glas klopfat und haut a kloina Red g'halta. Am Schluß von dean'r Red haut er mi g'fraugat, ob ich hinsichtlich seiner Tochter auch ernste Absichten habe. Wia mi auf dös na alle so erwartungsvoll a'guckat hand, wollt i scha saga, „ja ich habe ernste Absichten", dau isch mir ab'r grad no Muatt'rs Mahnung, i soll voarsichtig sei und nix verschprecha, ei'g'falla. Und so hau i a'weng zögernd d'rauf g'antwortet: „Das weiß ich noch nicht Herr Regierungsrat!" „So, das wissen Sie noch nicht und warum nicht, wenn ich als Vater fragen darf?" haut d'r Herr Regierungsrat ganz schtreng mi g'fraugat. Dau isch mir zum guata Glück meim Vat'r sei Ratschlag ei'g'falla und i hau ihm g'antwortat: „Weil ich meinem väterlichen Rat zufolge keine Katze im Sack kaufen soll."

Obwohl i daumauls it g'wißt hau, was mei Vat'r daumit g'moint haut, hau i an deane entsetzte G'sicht'r sofort feschtschtella könna, daß i dau it s' Richtige troffa hau. Und dös war au so. D'r Herr Regierungsrat isch aufg'schtanda, haut mi am Arm g'nomma und haut mi zur Haustür nausg'führt. Er haut mi no ebbes g'hoißa, dös mir recht bekannt voarkomma isch.

Auf dean Schrecka na haut es no zeha Jauhr daurat, bis i wied'r a'maul mit Bloama losmarschirt bin. Dösmaul warats gelbe Teerosa und d' Katz war scha lang aus'm Sack.

Dia Bluatsschnecka

Liabe Leit! gell sell isch wauhr,
hui'r isch a richtig's Schneckajauhr.
Wo ma na'guckat im Gärtle henna,
send dia Bluatsschnecka denna.
Sie freßat zäma da Salat,
d' Erdbeer und was ma sonscht so hat.
Dutzatweis hau i's g'suacht,
hau's verwonscha und verfluacht.
Es härt it auf, all no mehr,
wo kommat bloß dia Schnecka her?
Plötzlich isch mir a Liacht aufganga,
i hau alle Schnecka zämag'fanga
und hau's nau zu günschtig'r Zeit,
üb'r da Zaun, zum Nauchbau'r nom'keit.
Doch 's All'rschönschte war nau dös
und dau war i ihm au richtig bös,
gaut der her, der selle Koga
und wirft nau im hoaha Boga,
alle Schnecka wied'r rom zu mir,
iatzt so ebbes! was sagat dauzua ihr?
Dös duat ma doch it liabe Leit!
Gell, was es doch für another Nauchbaura geit!

Meine liebe Senzi!

D'r Huab'r Schorsch, a guat'r Mittsechzig'r isch, nauchdeam er mit sein'r Senzi und mit seim Bua zum Notar ganga isch und endgültig üb'rgeah haut, zum erschtamaul in seim Leaba in Urlaub g'fahra. Er haut sich vom Allgäu'r Reisebüro berata lassa. Dia hand ihm sogar no d' Fahrkart mitsamt d'r Platzkart b'sorgat – und nau isch er in Bibione an d'r Adria g'landat.

Sei Senzi isch it mitg'fahra. Dia wollt sich nauch fascht vierzigjährig'r Ehe dauhoim erhola; denn tagei, tagaus vierz'g Jauhr lang all so a Mannsbild om sich rom, dös zehrt an de Nerva.

Weil de narrate Italien'r wied'r a'maul g'schtreikt hand, isch d'r erschte Brief vom Schorsch grad no oin Tag, bevoar'r er selb'r komma isch, im Briefkaschta g'leaga. „So", haut sui bloß g'sait, „iatzt woiß i wenigschtens, daß er guat a'komma isch." Nau haut sie ihra Brill aufg'setzt und da Brief von ihrem Mah g'leasa:

Meine liebe Senzi!
Wie Du siehst, bin ich in Bibione gut angekommen. Vor mir liegt das blaue Meer und ein noch leerer Briefbogen. So wie aber das Meer voll ist, mache ich den Briefbogen auch noch voll, denn ich habe Dir viel zu erzählen. In München ist es garnicht gut angegangen, denn als ich im Zug meinen Platz endlich fand, saß bereits eine vierköpfige italienische Familie auf ihm. Es hat fast bis zum Brenner gedauert, bis der Schaffner die Italiener mit ihren vielen Koffern und Schachteln aus dem Abteil endlich hinausbrachte. Ich habe in der Nacht kein Auge zugemacht, denn ich schaute immer auf meinen Koffer, daß der nicht wegkommt. Meine lange Unterhose konnte ich gut gebrauchen, denn um den Brenner herum war es ganz schön kalt. Wie es dann weiter unten, um den Poo herum, wärmer wurde, merkte ich, daß Du mir einen Weißlacker, den ich so gerne esse, eingepackt hast. Die anderen Leute im Abteil merkten es auch; aber ich tat so, als merke ich es nicht, denn er hat saumäßig gestunken. So habe ich lieber Hunger und Durst gelitten, als daß ich meinen Koffer aufmachte. Wie ich den Weißlak-

ker im Hotel dann auspacken wollte, war er nicht mehr da. Ich habe ihn überall gesucht. Ich fand ihn erst später in meiner wollenen Badehose, die Du, liebe Senzi, mir mit viel Liebe und Wolle gestrickt hast. Das Wasser ist herrlich. Viele Urlauber haben ihre Matratze dabei. (Bei der Schtelle haut d' Senzi voarsich na g'sait: „i bin liab'r dauhoim") und nau haut sie wied'r weit'rg'leasa:

Mache Dir keine Sorgen liebe Senzi, ich bleibe Dir schon treu, wenn es auch nicht immer leicht ist. Du glaubst garnicht, was es hier für schöne Fahrgestelle gibt. Die wären manchmal schon eine Todsünde wert. Wenn man den ganzen Tag im heißen Sand liegt und die Sonne dauernd auf einen herabscheint, dann kommen auch in meinem Alter noch die unmöglichsten Gedanken. Hat die Sau schon geworfen? – Aber ich werde mit diesen Gedanken schon fertig. Nicht fertig werde ich mit den langen Spaghettis. Ich habe mir damit schon mein drittes Hemd versaut. Immer wenn ich meine, jetzt habe ich eine, ist sie schon wieder weg. Da sind unsere Kässpatzen doch was anderes, die bleiben wenigschtens da, wenn man sie essen will. Am besten schmeckt mir der Wein. Man sagt hier Wino. Wenn ich am Abend meine sechs Schoppen getrunken habe, dann kann ich so fest schlafen, daß ich den Lärm und Krach garnicht höre. Du mußt wissen, daß das Leben hier erst zu der Zeit beginnt, wo wir daheim schon tief schlafen. Ich freue mich auf mein Bett daheim. Das ist was anderes, als die Sprungbetten hier. Mich hat es schon zweimal im hohen Bogen aus dem Bett hinausgeworfen, als ich mich, so wie ich es gewöhnt bin, von der linken auf die rechte Seite drehen wollte.

Du, es ist garnicht wahr, daß ich rauhe und harte Hände habe, wie Du immer behauptest, wenn ich Dich einreiben muß. Eine Dame hat nämlich zu mir gesagt, daß ich ganz weiche und zarte Hände habe, als ich ihr den Rücken einreiben durfte. Sie hat einen ganz samtweichen Rücken, so einen, wie unser Fohlen Hansl. Hinterher mußte ich mich auf meinen Bauch legen, damit sie meinen Rücken einreiben konnte, denn Du hast mir ja kein Sonnenöl eingepackt und das ist sehr wichtig bei soviel ultravioletten Strahlen. Ich habe mir eine zweite Badehose gekauft, eine Helanka Badehose, denn erstens ist es sehr ungesund, immer mit der nassen

64

Badehose herumzuliegen und zweitens kommt in der neuen Badehose meine athletische Figur besser zur Geltung – sagt die Dame. Sie war beim Anprobieren mit dabei, damit ich sie nicht zu groß kaufte; denn so eine muß stramm sitzen.

Liebe Senzi! Ich bleibe noch eine Woche länger, denn Du hast ja auch gemeint, ich soll ruhig eine Woche länger bleiben, wenn es mir gefällt. Es gefällt mir sehr gut an der Adria. Schade, daß Du nicht hier bist, aber Du kannst ja nicht schwimmen. Ich habe mir von der Dame das Graulen zeigen lassen. Sie ist eine sehr gute Craulerin, von der kann ich noch viel lernen. Als Gegenleistung macht sie im nächsten Jahr Urlaub auf unserem Bauernhof.

(Dia laß na komma – haut d' Senzi voarsich na'g'sait, dia bleibt koine drei Däg.)

Herzliche Grüße und Arrivederci

Dein Schorsch Huber

Urlaub auf dem Bauernhof

„Urlaub auf dem Bauernhof", dös isch in de letzschte zeha Jauhr hochmodern woara.

D'r Herr Apothek'r Bierle und sei Frau Gemahlin, hand sich au für en Urlaub auf dem Bauernhof entschieden. Sie hand sich a Broschüre „Urlaub auf dem Bauernhof" b'sorgat und hand nau unt'r deane zehntausad Baurahöf wo ma Urlaub macha ka, dean für sie richtiga rausg'suacht. In der Broschüre schtaut vorna denn:

„Versuchen Sie vor Reiseantritt die rechte innere Einstellung für einen Urlaub auf dem Bauernhof zu finden. Auf einem Bauernhof sieht es anders aus, als in einem Drei-Sterne-Hotel. Auch das hat seinen Reiz."

Voarsorglich haut d'r Herr Apotheak'r da Besitz'r von deam von ihm und sein'r Frau rausg'suachta Baurahof a'g'schrieba, daumit au alles sei Richtigkeit haut. Er haut g'schrieba:

Sehr geehrter Herr Gebler!

Ich komme mit meiner Frau und meinen Kindern (11 und 12) am 15. August zu Ihnen, um bei Ihnen drei Wochen Urlaub zu machen und um auf Ihrem Hof, am Urborn, neue Kraft zu schöpfen. Es interessiert mich noch zu erfahren, ob dort Badegelegenheit, fl. W. w. u. k. und vor allem ob WC vorhanden ist. Bitte teilen Sie mir dies umgehend mit, weil es aus der Broschüre nicht ersichtlich ist.

Mit freundlichen Grüßen

Apotheker G. Bierle

Der sell Bau'r, der zom all'rerschtamaul vermietat haut, haut sich na'g'setzt und haut nau an da Herr Apothek'r folgenden Briaf g'schrieba:

Sehr geehrte Apotheke!

Ihren Brief habe ich erhalten. Sie kommen also mit Ihrer Frau und den Kindern Nummer elf und zwölf auf meinen Hof, um drei Wochen Urlaub zu machen. Mein Hof ist 65 Tagwerk groß und stammt von meinem Großvater. Ich treibe diesen allein mit meiner Frau um. Den Hof, nicht den Großvater. Der Großvater ist schon lange gestorben und weil meine drei Kinder studieren. Wir haben nur eine Milchwirtschaft, da muß man sich nicht so bücken. Meine Milch hat 3,4 % Fett und sie ist sehr gesund. Badegelegenheit haben wir gleich hinterm Haus, da ist unser Gemeindelöschweiher. Dort baden alle, auch die Enten und Gänse, wenn er nicht gerade leer ist, weil es irgendwo gebrannt hat, oder weil der Bürgermeister das Wasser für seine Wiesen braucht. Einen Urborn zum Kraft schöpfen haben wir nicht, aber eine große Jauchegrube, wenn Sie unbedingt schöpfen wollen; das gibt auch Kraft.

Meine Frau und ich haben lange überlegt, was Sie mit fl. W. k. u. w. meinen, aber dann sind wir schon noch daraufgekommen. Fl. W. Flaschenweine, Kräuterlikör und Whisky haben wir nicht, dafür aber einen sehr guten Most und Johannisbeerwein, der Sie mit Ihrer ganzen Familie leicht umwirft. Den Herrn Pfarrer und den Herrn Bürgermeister hat er auch schon ein paaarmal umgeworfen. Den Herrn Pfarrer einmal so, daß er am nächsten Morgen keine Messe lesen konnte.

Auf Ihre Frage nach WC kann ich Sie zufriedenstellen. Ungefähr zwanzig Minuten von meinem Hof ist ein WC. Sie können dies, je nachdem es Ihnen pressiert oder nicht, zu Fuß und mit dem Auto erreichen. Unter der Woche ist zugeschlossen, da liegt der Schlüssel auf der Gemeindekanzlei. An den Sonn- und Feiertagen ist sie wegen dem großen Andrang geöffnet. Wenn geschlossen ist, dann können Sie Ihre Andacht vor oder hinter dem Haus verrichten, denn überall ist Wald und sind Sitzbänke. An den Sonn- und Feiertagen geht es sehr feierlich zu, denn da kommt ein pensionierter Oberlehrer und begleitet die heilige Handlung auf der Orgel. Die meisten Leute, die am Sonntag in unser WC hineingehen, kommen sehr erleichtert wieder heraus. Unsere Waldkapelle, von Ihnen abgekürzt WC, ist unserem Schutzpatron Leonhard geweiht.

Ich freue mich auf Ihren Besuch. Es kann leicht sein, daß ich am 15. August, wenn Sie ankommen, gerade im Stall bin, weil an diesem Tag eine Kuh zum Kälbern kommt. Wenn meine Frau auch nicht da ist, dann ist sie entweder bei mir beim Kälbern, oder sie ist in der Waldkapelle, weil da gerade Mariä Himmelfahrt ist.

Hochachtungsvoll   Josef Gebler, Bauer vom Lindenhof

Die Bienenkönigin

Es war genau so wia alle Jauhr,
im Garta hand d' Schneeaglöckla blüaht,
am Bach d' Palmkätzla mit ihre weiße Haur
und so a leise Sehnsucht war im G'müat.

D'r Frühling haut sich a'g'meldt,
zwar bloß ganz zart und fei,
doch a' Ahna war scha in Wald und Feld,
von Blüata, Bloma, Duft und Mai.

Im Wald denn war no a bißale a Schneea,
om dia Zeit war es oft viel schlimm'r,
auf de Wiesa isch üb'rhaupt koin'r meah g'leah,
d'rfür ab'r d'r erschte, greane Schimm'r.

Doch no so zart, em ma Schlei'r gleich,
dean d' Elfa hand verloara,
aus deam ab'r für Arm und Reich,
d'r herrlichscht Früahling wird geboara.

Om dia Zeit war es, daß sich im Bienaschtand,
d' Sonn haut g'rad kräftig g'schiena,
om d' Königin alle versammlat hand
und it oina haut g'fehlt von de Biena.

Es war a recht traurig'r Anlaß,
warum d' Königin zu de Biena g'schprocha,
hint'rher war manches G'sichtle naß
und manches Bienaherzle war brocha.

„Kind'r", haut d' Königin g'sait,
„mir gand a schwer'r Zeit entgega,
üb'r uns kommt no viel Kumm'r und Leid
und alles de Menscha weaga.

Sie, dia uns früah'r g'holfa hand,
schtürzat uns iatzt in's Verderba,
sie raubat uns'ra Hoimat, uns'r Land,
und d'rom müaßat so viele von uns schterba.

Und gar bald wird es nau so sei,
auf unsr'r arma, kloina Welt,
daß d'r Reaga und d'r Sonnaschei',
auf koin Busch und au koi Blom meah fällt.

Voar unser'm Haus, dia scheane Wies,
wia haut dia blüaht im Mai,
a richtig's Biena-Paradies,
schean'r haut es kenna gar it sei.

Aus Löwazah, a' oinzig's Meer,
a goldan'r Teppich broit und lang,
a herrlich's Blau vom Himm'l her,
oi Melodie, oi Luscht, oi Klang.

Doch dös Wiesle, guckat naus,
ihr werdat's nomma finda,
anschtatt Bloma, Haus om Haus,
von vorna dana, bis ganz hinta.

G'rad no a alt'r Apf'lbaum,
deana, in Nauchbar's Garta,
dös isch uns'r ganz'r Blüatatraum,
viel mehr hand mir it zum erwarta.

Au dös Grundschtück übr'm Bach,
bekannt als uns'r Schlaraffa-Land,
seit geschtern, o Schand und Schmach,
durchwüahlt von r'r riesiga Bagg'r-Hand.

Kind'r, wenn dös so weit'rgauht,
wenn ma uns alles nimmt, was blüaht,
wenn d' Menschheit gar vergessa haut,
Biena-G'summ und 's Vog'l-Liad,

wenn koi Käferle meah krabbla ka,
verschteckt im hoaha Gras, o mei,
was nützt nau 's Blau vom Himm'l ra,
was d'r schönschte Sonnaschei?

Wenn der bloß no auf Schtraußa fällt,
auf Häus'r, Schtoin'r, Halla,
wia arm isch nau eascht d' Welt,
weam soll es dau no g'falla?

Wenn mir längscht vergessa sind,
nau, dös isch ganz g' wiß,
nau gauht a kalt'r, wüascht'r Wind
üb'r a Welt, dia koina meah isch.

Denn ohne uns von ewig her,
dös duat sich von sell ergeaba,
dös zom begreifa isch it schwer,
ka au koi Mensch meah leaba.

Dös isch a G'setz von oba ra,
dös bloß d'r Schöpf'r kennt,
wenn i au wollt, i ka's it sa,
was in mei'm Bienaherza brennt.

Saga mächt i, liabe Leit,
land uns a paar Bäum und Wiesa,
denn, solang es uns no geit,
kennt ihr 's Leabe no genießa.

Es gauht om ui, sell isch g'wiß,
dond dös wia a Kleinod hüata,
für uns Biena geit's au im Paradies,
viel Bloma und viel Blüata.

Doch, wer verschtauht scha uns'ra Schprauch,
für d'Menscha sind mir schtumm,
und so verschtummt halt nauch und nauch,
uns'r vertrautes Biena-G'summ.

Der Glaube versetzt Berge
(nacherzählt)

Dau war a'maul a Bäuerin, dean'r ihra beschta Milchkuah isch
plötzlich schwer krank woara. Eines Tages haut sie sich na'g'legt,
haut nomma g'fressa ond isch all weanig'r ond all mind'r woara.
Zeascht isch d' Bäuerin zom Schäf'r ganga, weil ab'r der dau it
helfa haut könna, haut sie nauch'm Tierarzt g'schickt. Der haut
dia Kuah ont'rsuacht, haut da Kopf g'schüttlat ond haut g'moint,
daß es dau koi andere Lösong gäb, als wia a sofortige Noat-
schlachtung. Weil ab'r dia Bäuerin an dean'r Kuah b'sond'rs
g'hangat isch, haut sie's it üb'rs Herz braucht, dia Kuah schlachta
zom lau.

In ihr'r Noat isch sie ins zwölf Kilomet'r entfernte Kloascht'r g'wallfahrat. Sie haut versuacht, da hochwürdiga Herr Abt zom schprecha, weil sie d'r feschta Üb'rzeugung war, daß der ihr no helfa ka. Ond zwar in Form vom ma fromma Gebeat od'r von ma fromma Schpruch, dean er bloß aus'm richtiga Buach rausnemma muaß. D'r Bruad'r an d'r Pforte haut, wia ihm die Bäuerin g'sait haut, weaga was sie da hochw. Herr Abt schprecha will g'sait: „Mei liaba Frau! D'r Gnädige Herr isch in der Sach woiß Gott it zuaschtändig. Der haut wirklich andere Aufgaba zom erfülla, als wia für a kranka Kuah zom beata."

Nauch lang'm Hin ond Her haut dia Bäuerin, weil sie scha grad dau war, a g'weihta Kerz kauft ond isch nau bei d'r Pforte wied'r naus. Sie haut sich voarg'nomma, it eh'r hoimzomganga, bevoar sie it da hochw. Herr Abt persönlich g'schprocha haut. Ond sie haut es fertig braucht, daß sie plötzlich im Zimm'r voar'm Herrn Abt g'schtanda isch. D'r Gnädige Herr haut sich dia Bäuerin a'g'härt ond haut nau g'moint, daß sie doch am beschta dös doa soll, was ihr d'r Tierarzt empfohla häb; also noatschlachta. Weil sie ab'r allaweil wied'r bittat ond bettlat haut, ob es für dean Fall it doch a Gebeat od'r en fromma Schpruch gäb, der dau helfa dät, haut d'r Herr Abt, bloß daumit er sie wied'r a'bringt ond sie z'frieda isch, selb'r a Schprüchle zämadichtat ond d'r Bäuerin auf'n Zett'l g'schrieba.

Er haut zu ihr g'sait, sie soll hoimganga, a' g'weihta Kerz a'zünda, dreimaul om dia krank Kuah romganga, mit Weihwass'r beschprenga ond jedesmaul dean Schpruch, dean er ihr aufg'schrieba haut, laut hersaga. Der Schpruch haut g'lautat:
Lebst du, dann lebst du.
Stirbst du, dann stirbst du.
Wenn du sterben mußt,
so ist das auch kein Verlust.
Wia ma sieht, a groaß'r Dicht'r war d'r Herr Abt it; ab'r er haut sich mit deam Schpruch ganz diplomatisch aus d'r Affäre zoga.

Dia Bäuerin haut tausadmaul Vergelt's Gott g'sait, haut a Pfond Butt'r auf da Schreibtisch vom Gnädiga Herra g'legt ond isch hochbefriedigt hoimganga.

Dauhoim haut sie's nau so g'macht, wia es ihr d'r Herr Abt auf-
traga haut. Am nägschta Morga isch, sie haut ihre Auga kaum
traut, dia Kuah danag'schtanda ond haut meah g'fressa. Ja, es isch
soweit komma, daß dia Kuah hint'rher mehr Milch geah haut als
wia zuvoar. Dau sieht ma's d'r Glaube versetzt it bloß Berge, der
verhilft sogar en r'r toadkranka Kuah meah auf d' Füaß.
Eigentlich wär dia G'schicht iatzt aus, ab'r sie gaut weit'r – ond
zwar gar it guat.
Es sind seit dött etliche Monat verganga. Eines Tages erfährt
dia gleiche Bäuerin, daß d'r hochwürdige Herr Abt schwer krank
dauliegt ond, daß er, wenn koi Wond'r g'schieht, schterba muaß.
Er haut im Hals a G'schwür, dös all greaß'r wird ond an deam er,
wenn es it rechtzeitig aufbricht, verschticka muaß. Alle Ärzte sind
ratlos.
Wia dia sell Bäuerin dös vom Abt erfahra haut, haut sie dauhoim alles liega ond schtanda lau, haut dean sella Schpruch her-
g'suacht, dean ihr voar etliche Wucha d'r Abt persönlich auf-
g'schrieba haut, ond isch schnurschtraks ins Kloascht'r g'radlat.
Dösmaul haut sie üb'rhaupt koi Aussicht g'hett, zom toadkranka
Abt voarg'lassa zom werda. Ab'r sie war so hartnäckig ond doch
so überzeugend, daß ma sie zum Abt nei'g'lassa haut. Sie haut d'
Bettschtatt, in dean'r d'r Abt g'leaga isch, von d'r Wand wegrucka
lau, daumit sie om d' Bettschtatt romlaufa ka, haut sich a g'weihta
Kerz ond en Weihwass'rpems'l geah lau – ond haut nau ganz ond
gar 's Gleiche g'macht, als wia dortmauls bei ihr'r kranka Kuah.
Sie isch dreimaul oms Bett vom Abt romg'laufa, haut'n mit'm
Weihwass'r a'g'schpritzt ond haut jedesmaul laut beatat:
>   Lebst du, dann lebst du.
>   Stirbst du, dann stirbst du.
>   Wenn du sterben mußt,
>   so ist das auch kein Verlust.

D'r Gnädige Herr, der bei vollem Bewußtsein war, haut üb'r
sein oigana Schpruch, dean er voar etliche Wucha für d'r
Bäuerin ihra kranka Kuah dichtat haut, so herzhaft lacha müassa,
daß dös G'schwür in seim Hals aufbrocha isch ond er gerettet war.

Wia sich d'r hochwürdige Herr Abt, nauchdeam er wied'r ganz g'sond war, bei der Bäuerin persönlich tausadmaul bedankt haut ond sie nau g'fraugat haut, was sie sich von ihm wünsch, haut sie ganz bescheiden g'sait: „Gar nix, hochwürdiger Herr Abt. Sie ond mei Kuah sind meah auf de Füaß, mir zwoi sind quitt."

Julia

Wia d'r Müll'r Xaver endlich Großvat'r woara isch, haut er zua sei'm Weib, also zur Großmuatt'r g'sait: „Marie, i woiß fei it, ob i mi daud'rüb'r fraia soll, daß i a Großvat'r woara bin." „Iatzt du bisch doch a ganz g'schpässig'r Siach", haut sie d'rauf g'sait: „dös isch sogar a Mordsfraid, wenn ma a Großvat'r od'r a Großmuatt'r wird. Sei na froah, daß alles so guat ganga isch; wenn es au bloß a Mädle isch." „Om dös gauht's gar it, ab'r i mach mir Sorga, was auf dean kloina Fratz alles wartat in sei'm Leaba."

„Au nix anderes, als wia auf die andere Menscha. Hauscht du ganz vergessa, wia schea 's Leaba sei ka?" „Moinscht iatzt du, voar i die kennag'lernat hau, od'r nauchher?" haut d'r Großvat'r g'fraugat. Sie haut d'rauf g'sait: „Wia ma's nimmt. Dir isch es doch no nia so guat ganga, als wia von deam Tag a, wo du in meine Händ komma bischt." „Und du?" haut er wissa wolla. „Bei mir isch es grad umkehrt, mei scheana Zeit war, voar i die kennag'lernat hau." So d' Großmuatt'r; d'rbei sind dia zwoi scha bald vierz'g Jauhr mitanand'r verheirat und sie hättat nix d'rgega, wenn sie die Goldane Hoachzeit mitanand'r feira diftat. Wenn's a'maul soweit isch, nau isch die kloi Julia scha so alt, daß sie a Gedicht aufsaga ka. Vorerscht liegt dia ab'r no in ihrem Wick'lkissa und woiß von ihr'r Zukunft no gar nix. Ihr gaut es mehr um d' Gegenwart und dia isch allaweil nau, wenn sie Hung'r haut, od'r wenn ma sie trokkalega muaß. Viel ka d'r Opa dau it helfa, beim Trockalega it und beim Schtilla erscht recht it. Dau druckt er sich moischtens. Dös isch a Weib'rarbat.

Wia a'maul die Kloi auf'm Kanapee ei'g'schlaufa isch, haut ma da Großvat'r neabanag'setzt und haut zu ihm g'sait, er soll auf sie aufpassa. „Dös wirscht doch no fertig bringa!" haut d' Großmuatt'r zu ihm g'sait. „Iatzt sei na grad so guat" haut d'r Großvat'r halb beleidigt d'rauf g'antwortat.

D' Julia haut prächtig g'schlaufa, d' Oktob'rsonn haut zum Schtubafenscht'r reig'g'schiena und es haut gar it lang daurat, nau haut's da Großvat'r au packt, obwohl ma zu ihm g'sait haut, er soll auf die Kloi aufpassa. Er haut sich auf die gleiche Seite dreht wia die Kloi und wenn ebb'r dia zwoi betrachtat hätt, nau hätt der a gewisse Ähnlichkeit feschtschtella könna. Soweit war dös a ganz friedlich'r Anblick. Wia ab'r nauch r'r halba Schtund Großmuatt'r zur Tür rei'komma isch, om da Großvat'r zom frauga, was er heit Mittag zum Essa will, war dös Bild nomma so friedlich, denn dau isch d' Katz auf d'r Julia doba g'leage und haut die gründlich a'g'schleckat. D' Großmuatt'r haut da Großvat'r it grad sanft g'weckt und haut ihn nau a'pfurrat: „Ja siehscht denn du it, daß d' Katz auf d'r Kloina dobaleit? Was könnt dau alles passiera!"

„Was soll dau scha passiera!", haut d'r Großvat'r z'ruck zannat – „i bin doch dau."

„Und wia du dau bischt! Ma ka die wirklich zu nix braucha. It a'maul zum Kindsmagdmacha."

Auf dös nau haut d'r Großvat'r g'sait:

„Ui Weib'r ka ma doch nix recht macha. Wenn dia Katz a Bernhardiner wär, nau hättescht en Grund zum Maula."

Und nau haut er Huat und Mant'l g'nomma und isch beleidigt ganga.

Zum Essa war er ab'r scha wied'r dau, denn es haut sei Lieblingsschpeis „Krautkrapfa" geah.

Mei Freind

Daß i en Pud'l hau,
isch allseits bekannt;
ma sieht uns durch alle Schtraußa gauh,
ma kennt uns zwoi mitanand.

Wenn er wirklich a'maul voraus schpringt,
wia könnt's nau and'rscht sei,
nau, dös woiß a jedes Kind,
kommt 's Herrle hintadrei.

Dös gaut scha mehr als zeha Jauhr,
ma haut sich an uns g'wöhnt;
mir zwoi hand uns, dös isch wauhr,
oft g'schtritta und all wied'r versöhnt.

Früah'r weil er gar so schtürmisch isch g'wea
und er mir üb'rhaupt it g'folgat haut;
i hau'n all bloß von d'r Weite g'seah,
hau ihn verwunscha, ganz schea laut.

Wenn i dortmauls a G'wehr g'hett hätt,
dös sind iatzt koine Glossa,
hätt'n i, dös klingt it nett,
mehr als oi'maul scha verschossa.

So narrat haut er mi g'macht,
mit seine Kabriola,
meine Kind'r hand daudrüb'r g'lacht,
denn i hau da Hund ja wolla.

Dia Zeit isch scha lang voarbei,
iatzt folgat er auf's Wort,
homplat moischtens hintadrei
und schpringt bloß no selta fort.

76

Iatzt schimpf'n i aus ma andara Grund,
er haut mir z'weanig Schwung,
eigentlich isch er a arm'r Hund,
denn er woiß ja it warum.

Vieraachtzig isch er scha,
o ja, dös isch wirklich wauhr,
denn passat auf, wer rechna ka,
oi Hundejauhr sind sieba Menschajauhr.

Zwölf Jauhr isch er wirklich alt,
12 × 7 isch 84 nach Adam Riesa,
solang gaut's scha durch Feld und Wald,
üb'r Bächla, Äck'r, Wiesa.

Hand ihr scha oin mit 84 g'seah,
der üb'r Gräba schpringt,
der im Wint'r im tiafa Schneea,
schtundalang da Mauh a'singt?

Manchmaul duat er mir wirklich leid,
was i eahn alles hoiß:
Alt'r Knackl'r hau i scha g'sait,
du bischt koi Hund, du bischt a Goiß.

Du bischt 's Fressa nomma wert,
ma sott die glatt verschieße;
er haut mir aufmerksam zuag'härt,
haut g'schwanzlat und haut müaßa niaßa.

Er lachat zu allem was i sa
und wedlat mit'm Schwanz,
guckat mi d'rbei ganz treuherzig a
und in seine Bernsteinauga isch a Glanz.

A Glanz, der sei Bedeutung haut,
o ja, a Hund isch au a Weasa,
i hau mein Berry wohl durchschaut
und aus seine groaße Auga hau i g'leasa:

„O Herrle, nimm mir's it krumm,
du bisch doch it d'r Dümmscht,
fehlt mir au Temperament und Schwung,
so bischt du au nomma d'r Jüngscht.

I hau mir au scha manchmaul denkt,
wo bleibt er denn so lang,
warum er it üb'r dös Bächle schpringt,
warum gaut er deam Bächle all entlang?

Früah'r wär's dir it passiert,
dau wäuescht du nomm ganz prompt,
dau wärescht du it solang entlang marschiert,
bis endlich nau a Brückle kommt.

Gib's doch zua, mir werdat alt,
wenn's au du it merkscht,
i bin so frei, i sag's dir halt,
mir zwoi sind mitta dinn im Herbscht."

*Gell, dös isch a g'scheit'r Hund. Der isch so g'scheit, wenn mir, mei
Frau und i, a'maul ohne ihn ausganga wend und zu ihm sagat:
„Mir könnat die it braucha, mir gand in d' Kirch", nau legt er sich
in sei Körble nei und wartat, bis mir von d'r Kirch meah hoimkom-
mat.*
  *Wia mir erscht neulich aubads zum Kegla ganga sind, dau hand
mir au zu ihm g'sait: „Mir gangat in d' Kirch!" Wia mir nau schpät
in d'r Nacht hoimkomma sind, sitzt er doch in seim Körble denna,
haut da Kirchaa'zeig'r neab'r sich liega und knurrat uns a. Er haut
im Kirchaa'zeig'r nauchguckat und feschtg'schtellt, daß an deam
Tag gar koi Aubadmeß isch. So g'scheit isch der Hund!*

Wenn ma sich voarschtellt,...

Dau isch a'maul oin'r nachts om Zwölfa voar'm Himnm'lstoar g'schtanda und haut neig'wöllt. Weil ma dau ab'r it so ohne weiteres nei'kommt, Tit'l, Rang und Beziehunga schpielat dau Gott sei Dank koi Rolla, haut der a Zeit lang warta müassa.

Auf Erden war der a groaß'r Sünd'r. Dös war natürlich im Himm'l it unbekannt. G'schieda war er, obwohl er von Beruf koi Schauschpiel'r od'r a sonschtig'r Schtar war, scha dreimaul und mit d'r ehelichen Treue haut er es au beim viertamaul it so genau g'nomma. Beichtat haut er mindeschtens scha zeha Jauhr lang nomma und in d' Kirch ganga isch er ganz selta. Auf da erschta Blick a klar'r Fall für en Platz zur Linken; auf dia Seita also, wo a'maul d' Böcke na'kommat. Weil es ab'r im Himm'l doba ehrlich zuagaut, haut ma ihm a Chance geah und ma haut all seine guate Werke und Eigenschafta auf sei Waage g'legt. Weil dös ab'r au it allzuviele warat, hand seine Sünda auf seiner Waage schwer nauch unta zoga.

D'r Petrus isch mit deam Ergebnis zum Herrgott ganga und haut dean um sei Urteil zu deam Fall bittat. Wia d'r Herrgott dös g'härt und g'seah haut, haut er bloß traurig sein Kopf g'schüttlat. Doch, bevoar er sei endgültiges Urteil g'schprocha haut, haut er da Petrus no g'fraugat, wia der sell Sünd'r um sei Leaba komma sei, und warum der voarher it no beichtat, od'r weanigschtens seine Sünda no bereut häb.

D'r Petrus isch no a'maul an's Himm'lstoar ganga, haut dös kloine Guck'rle aufg'macht und haut zu deam dussa g'sait, daß d'r Herrgott no wissa mächt, wia er om's Leaba komma sei. Durch a Krankat, durch en Herzinfarkt, durch en Schlaganfall und so weit'r – und warum er it no voarher beichtat od'r weanigschtens seine Sünda bereut häb.

„Noi" haut der dussa g'sait, „von all deam nix. A Auto haut mi toatg'fahra."

Obwohl d'r Petrus dia Todesursach allhui härt, haut es ihn interessiert, ob er, od'r ob d'r andere schuldig sei. Nauch Alkohol

79

haut der dussa it g'rocha, dös hätt d'r Petrus glei feschtg'schtellt. Wenn es so g'west wär, nau wär er narrat woara, weil solche oft g'nua dussa schtandat und voar Rausch kaum ihre Personalien a'geaba könnat.

„Es war so", haut der dussa g'sait. „I bin mit meim Auto in d'r Nacht hoimg'fahra und dau sieh i im Schei'werf'rliacht von meim Auto, daß a Ig'l mitta auf d'r Schtrauß sitzt und sich nomma weit'rtraut."

„A was?", haut d'r Petrus g'fraugat.

„A Ig'l", haut der andere g'sait.

„Und nau?", wollt d'r Petrus wissa.

„Nau hau i a'g'halta, bin ausg'schtiega, hau da Ig'l packt und hau dean üb'r d' Schtrauß nom auf a Wies traga, daumit deam liaba Kerle nix passiert; es müaßat scha so g'nua schterba. Wia i wied'r üb'r d' Schtrauß rom zua mei'm Auto ganga hau wolla, haut mi a Auto, dös i glatt üb'rseah hau, verd'wischt. Und aus deam Grund bin i dau."

„Weaga ma Ig'l bischt du ums Leaba komma, iatzt so ebbes! Wart, dös muaß i em Herrgott no saga."

Nau isch d'r Petrus no a'maul zum Herrgott ganga und haut deam dös, so wia es war, v'rzählt. Der haut nau zum Petrus g'sait:

„Nimm en Ig'l und setz dean in dia Schale auf deam Mah sein'r Waug, wo deam seine guate Werke sind. Wenn nau dös no it roicht, was i ja kaum glaub, nau nimmscht no a Katz, am beschta en richtiga Baule, weil dia schwer'r sind und setzscht dean au no d'rzua."

„Warum au no a Katz"?, wollt d'r Petrus wissa.

„Weil der", haut d'r Hergott g'sait, „der deam Ig'l 's Leaba g'rettat und 's seinige daufür hergeah haut, voar viele Jauhr a Katz, dia, weil se auf oim Aug blind war, ausg'setzt woara isch, aus Mitleid b'halta haut, wia dia halbverhungrat bei ihm ei'-g'schtanda isch."

D'r Petrus isch nau ganga und er haut nau it bloß dös doa, was d'r Herrgott ihm a'g'schaffat haut, er haut nau glei d'rauf 's Himm'lstoar weit aufg'macht, daumit der groaße Sünd'r in da Himm'l rei haut könna.

Wenn ma sich voarschtellt, daß oim a Ig'l, a Katz od'r a sonschtiges Tier, zu deam ma guat war, im Himm'l doba so hoach a'grechnat wird, was erwartat oin nau erscht, wenn ma nauchweisa ka, daß ma auf Erden a Herz für da Nägschta, für Kind'r, für Alte, Kranke, Behinderte, für Ausländ'r und Arme g'hett haut.

Die vier Viert'l

In d'r dritta Klaß Volksschual hand mir eines Tages 's Bruchrechna g'lernat. Zum besseren Verständnis, haut uns'r Lehr'r en scheana Apf'l zu zwoi Hälftana in d'r Mitt ausanand'r g'schnitta. Nau haut er jede Hälfte no a'maul ausanand'r g'schnitta, nau warats vier Viert'l. I hau mir hoi'le denkt, iatzt roicht's mit der Auseinand'rschneiderei, weil i g'wißt hau, daß er dean Apf'l nau an seine Lieblingsschüal'r vertoilt und weil i zu deane g'härt hau, war mir a Viert'l vom Apf'l liab'r, als wia a Acht'l. So g'scheit war i dortmauls scha, obwohl mir grad erscht „Halb" und „Viert'l" g'lernat hand. So a Apf'l vom Lehr'r und wenn er no so sau'r war, haut doch ganz and'rscht g'schmeckt, als wia d'r beschte Apf'l von dauhoim; trotzdeam ihn d'r Lehr'r scha en ganza Vormittag in seim Hosasack g'hett haut.

„Vier Viert'l", auf dös wollt i komma. Es gaut iatzt om koin Apf'l, sondern om ebbes ganz Anderes. Wenn ma bereits drei Viert'l von sei'm Leaba hint'r sich und bloß no oi Viert'l voar sich haut, nau sieht dia Sach fei ganz and'rscht aus, als wia umkehrt. I will's it tragisch'r macha, als wia es isch, letzschten Endes gaut es alle gleich und a jed'r muaß a'maul in dean saura Apf'l beißa. I mächt gar nix, als wia a'weng von meine drei Viert'l v'rzähla, dia i scha hint'r mir hau.

'S erschte Viert'l war, wenn i so z'ruckdenk, 's scheanschte. Dau sind all dia Sacha passiert, dia oim all wied'r ins Gedächtnis kommat. A'g'fanga von d'r erschta Holzlokomotiv, die erschte Schlittschuah, üb'r d' Schual- und Lehrzeit, bis zur erschta Toadsünd. Wia i erscht kürzlich dauhoim war, bin i extra dean Weag

g'loffa, dean i als Schualbua jed'n Tag ganga bin. Und dau hau i
soviel Vertrautes und Liabes aus mein'r Kind'rzeit g'funda, daß es
mir ganz g'schpäßig ums Herz woara isch. D' Kapellagaß, dia i
jed'n Tag viermaul ganga bin, schpielt dau a ganz groaßa Roll.
Mir Buaba hand dia Gaß, obwohl am End von der Gaß a Kapelle
schtaut, von der dia Gaß da Nama haut, au „Abortgaß" g'hoißa.
Dös wüaschte Wort kommt it von mir. Es kommt dauher, weil
früh' r in dean'r Gaß it weanig'r als fünf hölzerne Aborthäusla
g'schtanda sind, dia alle im Betrieb warat und ihren Zweck erfüllt
hand. Wenn i auf meim Schualweag dös Gässale durchg'loffa bin,
hau i so manches g'härt und g'seah. Weil a jedes von deane Häusla
a mehr od'r mind'r groaßes kreisrundes od'r herzförmiges Luftloch g'hett haut, hand mir Buaba dia Öffnunga, b'sond'rs im
Wint'r, oft als Zielscheib g'nomma. Oi'maul haut ma mi d'rbei
verd'wischt und zwar ausgerechnet dau, wo i a Maus in so a herzförmiges Luftloch neig'lau hau. I hau ja it wissa könna, daß dau
denna grad ebb'r a Sitzung haut und wenn dia, weaga dem Mäus-
le, dös eahn'r, sie haut's mein'r Muatt'r brühwara v'rzählt, ausgerechnet in der ihra Schlupfhos nei'g'falla isch, it so a G'schroi
g'macht hätt, daß glei alle Nauchbaura zämag'loffa sind, und
wenn i Depp it d' Mausfall no in d'r Hand g'hett hätt, nau wär mir
der Tag it so in Erinnerung blieba.

Von 1935 bis 1955 haut mei zweites Viertl daurat. Trotz allem
was dau passiert isch, mächt i dia zwanz'g Jauhr it missa. Wia ma
mi zua de Gebirgsjäg'r ei'zoga haut, hau i als Zimm'rälteschta en
ganz Üb'rschpannta Siacha g'hett. Natürlich en Preißa. Nix gega
d' Preißa, dös sind au Menscha; ab'r wia der als kloin'r Gefreit'r
uns Rekruta traktiert haut, dös war mehr als üb'rtrieba. I hau mir
dia Sach a zeitlang a'guckat und nau hau i mein Plan, dean i g'faßt
hau, verwirklicht. Es war grad Vollmond. D'r Mond haut in uns'r
Zimm'r und mir direkt in's G'sicht g'schiena. Dau hau i nau en
Mondsüchtiga g'schpielt; ab'r scha so echt, daß der preußische
Gefreite voar Angscht zom Beata a'g'fanga haut. I bin nämlich
aufg'schtanda, hau mi feldmarschmäßig a'zoga, hau mei Braut,
das Gewehr, aus meim Schpind rausg'nomma und hau 's Bajonett
aufpflanzt. Alles lautlos, wia von Geischt'rhand. Meine Kamera-

da sind alle hellwach im Bett denna g'sessa und hand g'wartat, was no alles kommt. D'r Gefreite haut allhui ängschtlich g'flüschtrat: „Nicht ansprechen! Um Himmels Willen nicht ansprechen!" Nau bin i mit'm aufpflanzta Bajonett an sei Bett na ganga und hau dau ganz wild omanand'r g'fuchtlat. So lang und so näh, bis is g'merkt hau, daß a preißischer Gefreiter au bloß a Mensch isch. Nauchdeam i dös Schpiel no zwoimaul bei Vollmond wied'rholt hau, isch uns'r Zimm'rältescht'r plötzlich menschlich'r woara. Mi haut er wia a rohes Ei behandlat, nauchdeam i a'maul so neababei erwähnt hau, daß i dia Mondsüchtigkeit von meim Urgroßvat'r geerbt hau, der a'maul bei Vollmond oin erwürgt haut.

Mir hand no so en netta Kerle auf unserer Bude g'hett. Der isch jed'n Aubad mit ma ganza Loib Kommißbrot ins Bett ganga und am Morga war von deam Brot koi Breasale meah dau.

Ebbes Schönes isch mir in deam Viert'l au passiert, i hau g'heiratat.

Wenn i daubei an mein Freind denk, der a paar Wocha nauch mir g'heiratat haut, muaß i hellauf lacha, denn der haut zur gleicha Sach grad 's Gegatoil g'sait als wia i. Der haut g'sait: „Mir isch in deam Viert'l ebbes Furchtbares passiert, i hau g'heiratat. Dean Schrecka hau i bis heit no it üb'rwunda."

Und wia i mein Freind nau g'fraugat hau, warom er so spricht, haut er g'sait:

„Dös isch doch koi Wund'r, jed'n Tag wird ma d'ra erinnrat. In d'r Früah gaut es scha los. Komm Alt'r Zeit isch es! Wenn du no it ausg'schlaufa hauscht, nau gauhscht 's nägschtemaul früah'r hoim! Verschpritz beim Rasiera it wied'r da Schpiagl und verbluat it 's frische Handtuach! D' Milch isch im Küahlschrank, Butt'r und Marmelad sind in d'r Schpeis! Iatzt mach daß du nauskommscht, d'r Weck'r haut scha voar fünf Minuta klinglat! Heit Mittag geit's en Wass'rreis, sonscht wirscht du mir z' dick!

Am Aubad hoißt es an d'r gleicha Schtell:

„Laß dei Dapperei! Dreh die nom und gib a Ruah! Für dia Sacha sind mir z' alt! Wenn du heit Nacht wied'r so wüascht huaschta und schnaufa duascht wia in d'r vergangana Nacht, nau nimm i mei Bett und gang."

So mei Freind. Bin i froah, daß i saga ka: I bin recht z'frieda.
I hau feschtg'schtellt, daß ma im dritta Viert'l am reichschta be-
schenkt wird. Dau kriagt ma it bloß mehr Lohn und Urlaub, ma
kriagt en Geschenkkorb zum Fuchzigschta und zur Silb'rhoach-
zeit. Dau kriagt ma auß'rdem: Arthritis, en Bandscheibaschada,
a Brill, a Gebiß, Depressiona, Kreislaufstörunga und so weit'r.
Wenn ma nau all dös ohne Herzinfarkt guat üb'rschtanda haut,
nau kommt 's letzschte Viert'l. In deam bin i mitta denn. Üb'r dös
letzschte Viert'l ka i leid'r nix schreiba, weil i als Rentner gar koi
Zeit d'rzua hau.

Wenn d' Glocka läutat

Von irgend Oim hau i g'hört,
daß dean 's Glockaläuta schtört
und daß der, der arme Mah,
desweaga it lang g'nua schlaufa ka.
Er moint, in d'r heitiga Zeit,
ging es au ohne Glockag'läut.
Es gäb so scha Krach g'nua,
zuawas au 's Läuta no d'rzua.

Na ja, i will ja it grad hetza,
ab'r mit deam mächt i geara schwätza.
It viel und au mit Ruah,
sonscht härt der mir ja doch it zua.
Es isch sei Sach, von weaga „läuta",
i sag bloß, was es mir selb'r duat bedeuta.

I könnt it sei, ohne dean scheana Klang,
genau so weanig, wia ohne Voglg'sang.
Es g'härt d'rzua, wia Sonn und Reaga,
mit deam beginnt und endet 's Leaba.

84

A'g'fanga haut's bei mir, lands ui saga,
wia ma mi haut zum Taufa traga.
Wo laut'r Engala um mi sind g'wea,
dia ab'r auß'r mir haut niemand g'seah.
Dau hand d' Glocka 's erschtemaul für mi g'litta
und dauhoim haut d' Muatt'r ihre Bitta
für mi, in da Klang nei'g'woba,
daß d'r Herrgott im Himm'l doba,
sei Hand schützend üb'r mi hält,
so lang i leab, auf dean'r Welt.

Nau jed'n Tag in mein'r Kind'rzeit,
dia erfüllt war von Luscht und Fraid.
Wo hint'rm Haus, dia kloine Wies,
für uns Kind'r war a Paradies.
Wo mir gschpielt hand, g'schria und g'sunga,
dau hand zwischanei all d' Glocka klunga.

Wia i nau in d' Schual bin komma
und jed'n Morga hau da Ranza g'nomma,
en Apf'l und a Schtückle druckes Brot,
zur Muatt'r g'sait hau:„Pfüat de Gott",
i woiß es no, als wär's erscht heit,
dau haut sie jedesmaul zu mir g'sait:
„Paß guat auf und dua it schtreita,
iatzt ka'scht ganga, iatzt dond se läuta."

An deam Tag, d' Sonn haut g'schiena,
es war warm, d' Schmett'rling und d' Biena
warat auf'm Wiesle hint'rm Haus,
bunt war alles, wia a Blomaschtrauß,
d'r Himm'l blau und unendlich weit,
Bäum und Schträuch'r im Blüatakleid,
an deam Tag, mir isch's so g'wea,
war 's Läuta für mi ganz b'sond'rs schea,
denn mit groaß'r Fraid und doch mit Banga,
bin zur erschta Kommunion i ganga.

Was wär a Tag ohne Glockaklang,
weam wird's dau it angscht und bang,
wenn i an dia Zeit erinn'ra will,
wo d' Glocka warat wirklich schtill.
Wo ma se, dia uns scha als Kind vertraut,
g'hollat und zu Waffa g'schmolza haut.
Wo fascht jed'n Tag a Kund isch komma,
daß d'r Kriag da Mah, da Bua haut g'nomma.
Daß der, fascht a Jed'r haut'n kennt
und wia haut deam sei Herz voll Sehnsucht brennt,
d' Heimatglocka nomma klinga härt,
was wer deam a Glockaläuta wert!

Wia hand sich dia alle g'frait,
dia nauch lang'r, lang'r Zeit
aus d'r G'fangaschaft komma sind,
wenn deane d'r Wind,
bevoar sie ihr Dörfle hand erblickt,
en Glockagruaß haut entgega g'schickt.

Wia herrlich isch es in d'r Maiazeit,
wenn es blüaht weit und breit,
wenn im Wald, im Tannagrund,
am junga Morga, zuar früaha Schtund,
d'Vögala singat und jubilierat,
weil sie da Hauch des Schöpf'rs g'schpürat.
Wenn zua deam froha G'sang,
von irgend woher kommt no a Glockaklang,
nau gaut mit unsichtbar'r Geschtalt,
d'r liabe Herrgott durch da Wald.

Doch, d'r all'rscheanschta Glockaklang,
vermischt mit ma zarta Engalag'sang,
verzaubrat mit ma milda Licht,
dös sich in viele, bunte Kugla bricht,
a Klang, der fascht a jedes Herz berührt
und sei es no so fescht verschnürt,
verängschtigt und verschrocka,
dös isch d'r Klang d'r Weihnachtsglocka.
Wenn d'r Heilig Aubad sich erfüllt,
d' Nacht alles in ihren Mant'l hüllt,
d' Sternla ihre Liachtla a'zündat,
daumit 's Chrischtkind zu uns Menscha findat,
wenn uns're Herz'r voll'r Weihnachtsfraid,
wenn in dia geheimnisvolle Stund und Zeit,
gar no dringt d' Weihnachtsglocka Klang,
nau hält der Zaub'r a ganzes Leaba lang.

I wollt mit meine Versla bloß a'deuta,
was mir Glocka dond bedeuta.
So richtig saga ka's i it,
dau kommt mei kloin'r Geischt it mit,
denn d'r Glocka ehern Wort und Mahna,
ka a Menschaherz ja bloß erahna.

Deam Oina mächt zum Schluß i saga,
er soll it schimpfa und it klaga,
denn solang er no d' Glocka höra ka
und fangat se au scha am hella Morga a,
isch es für ihn a groaß'r Seaga,
denn solang duat er no leaba.
Wenn er se a'maul nomma härt,
nau schlauft er wirklich ungestört.
Nau weckt'n au koi Voglg'sang
und au it all'r Glocka Klang.
Nau härt er au koi Uhr meah schlaga:
„Na Freind! Was willscht daud'rauf saga?"

Der Baule „Kasimir"

D'r Baule Kasimir isch deshalb zua seim ausg'fallana Nama komma, weil d'r Hoachzeit'r, dean sich die ehr- und tugendsame Jungfrau Luise ei'bildat haut, au so g'hoißa haut. Weil ab'r der Kasimir ganz andere Voarschtellunga von sein'r zukünftiga Frau g'hett haut, isch es zu koin'r Hoachzeit komma.

Aus Enttäuschung und au als Ersatz, an dean d' Luise ihra ganza Liab verschwenda ka, haut sie sich en junga Kat'r zuag'legt. Bei uns sait ma au „Baule" und haut deam da Nama Kasimir geaba. Sie haut g'moint, daß der Kasimir sie it enttäuscht und daß weanigschtens der ihr treu bleibt. Am A'fang scha, denn dau war er verschpielt, jung, dumm und unerfahra. Wia er ab'r ält'r woara isch und d' Liab ihn packt haut, war er in d'r Nacht, it wia bisher bei seim Fraule im Bett, dau war er auf d'r Rantsch und haut sich oft tagelang nomma seah lau. Er isch in der Zeit halt grad no zum Fressa hoimkomma. Sei herrliche Singerei in d'r Nacht, war im ganza Viertl zom hära.

Dös muaß and'rscht werda, haut sich d' Luise g'schwora. Und wia ihr nau ebb'r g'rauta haut, da Kasimir kaschtriera zum lau, haut sie g'handlat. Ma sait, a kaschtriert'r Baule wird hint'rher recht anhänglich und er bleibt dauhoim. Wenn dös bei de richtige Mannsbild'r au helfa dät, nau wär dös die Patentlösung. Ab'r, wer bringt dia zum Tierarzt?

'S Frailein Luise isch zum Tierarzt ganga und haut dean beauftragt, dean Eingriff voarzumnehma. Weil d'r Kasimir doch no verhältnismäßig jung und schneidig war, haut es lang daurat, bis em Tierarzt sei Betäubungsspritze g'wirkt haut. Weil es im Behandlungszimm'r kalt war, haut d' Luise ihren Baule so lang in a Wolldecke nei'g'wicklat und so lang an ihren Busen druckt, bis d' Spritze voll wirkt und d'r Tierarzt operiera hätt könna. Weil 's Frailein Luise ziemlich vollbusig isch, isch all'rhand G'wicht auf'm Kasimir g'leaga. „G'leaga" isch in deam Fall d'r richtige Ausdruck, denn 's Frailein Luise haut sich so lang na'g'setzt und haut da Kasimir unt'r ihrem Busen begraba. Der haut's in sein'r

Bewußtlosigkeit gar it ganz mitkriagt, was auf ihm laschtat und was auf ihn zuakommt. Weil er sich im Unt'rbewußtsein daugega g'wehrt und mit de Füaß g'schtrampflat haut, haut ihn sei Fraule umsomehr mit'm Gewicht ihres Busens belaschtat.

Wia d'r Kasimir nauch r'r entschprechenda Zeit ganz ruhig woara isch, haut sei Fraule zum Tierarzt g'sait, er könnt iatzt operiera, denn sei Spritze häb voll g'wirkt.

Sie haut da Baule von ihr'r jungfräulichen Fülle befrit und haut ihn behutsam aus d'r Wolldecke g'wicklat.

A Operation war nomma erforderlich, denn en doata Kat'r zum kaschtriera haut koin Zweck. D'r Kasimir haut en wund'rscheana Toad g'hett, er isch unt'r d'r weichen Fülle von seim Fraule reg'lrecht verschtickt. I wollt, i wär d'r Kat'r g'weasa, denn en scheanara Toad ka i mir gar it voarschtella.

Wia 's Frailein Luise dös Mißgeschick ihr'r Nauchbäure v'rzählt haut, hands dia zwoi bei ihr'r Ratscherei gar it g'merkt, daß ihra Geschpräch a Zwoitkläßl'r mita'härt.

Der haut dös vom Kat'r am nägschta Tag in d'r Schual brüahwara seim Lehr'r v'rzählt. Er haut g'sait, das Fräulein, da Nama von ihr haut er Gott sei Dank it g'wißt, habe ihren Kater mit ihrer Büste erstickt. Wia nau der Lehr'r wissa haut wolla, mit was für einer Büste, denn er haut sich unter einer Büste da Beethoven, da Bismarck od'r da Kais'r Wilhelm voarg'schtellt, haut der Bua g'sait: „Mit ihrer schönen, großen Büste Herr Lehrer." Weil d'r Herr Lehr'r daudrauf no it g'wißt haut, was der Bua moint, haut d'r Kloinschte und Schwächschte von sein'r Kläß aus d'r Bank raus g'ruafa: „Man sagt dazu auch Busen Herr Lehrer!"

Zua mei'm Fuchzigschta

I wer a'heba ält'r,
dös merk i vorn und hint,
au d' Tempratur wird kält'r,
i g'schpür en jeda Wind.

's Reißa in de Glied'r,
so dremslig all im Kopf,
d'r Bluatdruck isch viel z'nied'r,
i bin a arm'r Tropf.

's Schnaufa macht mir Sorga,
d'r Appetitt isch nomma guat,
i ka mir nix meah merka,
viel z' dick isch au mei Bluat.

I hau en Bandscheibschada,
ma sait au Hexaschuß,
dau hilft koi hoißes Bada
und au koi kalt'r Guß.

I sieh au nomma richtig
und hära au ganz schlecht,
i nimm au nix meah wichtig,
dös isch doch nomma recht.

In de Knia hau i da Schnackl'r,
's Fuaßwerk isch nix meah wert,
i bin a alt'r Knackl'r
und bin so richtig ead.

Medizin und Pilla
nimm i all zwoi Stund,
i glaub, ma dürft mi schtilla,
i wär trotzdeam it g'sund.

Mei Leab'r, dia isch g'schwolla,
mei Gall isch voll'r Schtoi,
es wird mi bald d'r Kaschp'r holla,
nau isch mei Weib alloi.

Mir ka koi Mensch meah helfa,
so krank wia i dua sei,
dau ka i bloß no belfa,
wia wird dös erscht mit sechzig sei!

Iatzt mit sechzig auf'm Buckl,
iatzt ka i freudig sa,
dös Gejamm'r und Gezuckl,
dös Gestöhne und Blabla,

dös hau i alles nomma,
dös isch fei wirklich wauhr,
es isch alles viel, viel bess'r komma,
dös warat bloß dia Bluatswechs'ljauhr.

Iatzt bin i beianand'r,
hau a Fraid meah hint und vorn,
a Kerle wia drei Mannd'r,
bin grad wia neugeborn.

Wenn dös so weit'r gauht,
mit'm gleicha Ela und Schwung
und wenn es koine groaße Hopp'r haut,
nau bin i mit Siebz'ga wied'r jung.

Der Jahrgang 1915

Bei d'r 65 er Fei'r von meim Jauhrgang isch es hoach herganga. Ma haut au von d'r Schual und von früh'r erzählt. Dau bin i auf dia Idee komma, wenn i en Enk'l hätt, der in d' Grundschual gaut, was der wohl üb'r unsere 65 er Fei'r schreiba dät. Wenn i der Bua wär, i dät schreiba:

Juni 1980
Vorgestern haben sich in Krumbach die vom Jahrgang 1915 getroffen. Ein sehr alter Jahrgang. Mein Vater hat in seinem Weinkeller auch so alte Flaschen. Auf die paßt er ganz besonders auf. Die trinkt er nur an den ganz hohen Feiertagen und wenn kein Besuch da ist. Der Wein für den Besuch steht nicht da, wo dem Vater sein Wein steht.

Diese Flaschen sind schon ganz verstaubt. Bei den Leuten vom Jahrgang 1915 sind auch sehr viele verstaubt gewesen, ich meine auf dem Kopf. Ich habe dies ganz deutlich gesehen, wie man sie alle fotografiert hat. Mein Großvater war auch dabei. Auf den Etiketten auf Vaters Weinflaschen steht „Spätlese" darauf; das paßt auch zu den Leuten, die sich in ihrer Heimatstadt Krumbach getroffen haben. Wie mein Großvater gestern noch erzählte, soll es sehr lustig gewesen sein. Sie haben gut gegessen, viel getrunken, Erinnerungen, Bilder und Frauen ausgetauscht. Viele haben sich schon so lange nicht mehr gesehen, daß sie sich im Gesicht garnicht mehr erkannt haben. Manche haben sich nur daran erkannt, weil sie in der Schule auch schon so waren. Die Köpfe von den greisen Frauen waren alle sehr schön hergerichtet. Man hat es fast garnicht gemerkt, daß da lauter Großmütter und Großväter beisammen sind. Es soll sehr laut zugegangen sein, weil viele nicht mehr gut hören und weil sie aus Eitelkeit den Hörapparat zuhause gelassen haben. Zwischenhinein hat die Musik gespielt; aber nur so alte Heimatschnulzen, mit denen die alten Leute aufgewachsen sind. Einige waren ganz schön voll, weil sie in diesem Alter halt nichts mehr vertragen. Auf den Tischen waren Blumen, damit es festlich aussah. Die Klassenbeste hat die Festrede gehalten. Sie war sehr schön, die Rede. Manchmal hat es auch ein paar Tränen gegeben, aber es hat nicht lange gedauert, dann schien wieder die Sonne.

Mein Großvater sagte, der Jahrgang 1915 sei der beste und gesündeste, den es je gab. Ich weiß nicht recht, heute liegt er mit einer Gallenkollik im Bett und die Großmutter muß ihm heiße Wikkel machen. Je mehr der Großvater stöhnt, umsomehr freut sich die Großmutter. Wie der Großvater so richtig stöhnte, hörte ich gerade, wie die Großmutter zu ihm sagte: „Du bist selbst schuld, hättest du nicht soviel gesündigt (gesoffen) in den zwei Tagen — in deinem Alter." Darauf sagte mein Großvater nur: „Aber schön war es doch und es reut mich auch nichts, denn fünfundsechzig wird man nur einmal. Wer weiß, ob du überhaupt so alt wirst."

Uns'r Häusle

Nauch r'r Reihe von viele Jauhr,
mehr als sechzig seit i tauft,
hau i trotz meine weiße Haur,
für uns no a Häusle kauft.

Für uns, dös sind mei Frau und i,
denn d' Kind'r sind scha duß;
a Häusle, wia a zarta Melodie,
vom Glück a liab'r Gruß.

A Häusle isch's, it groaß, it kloi,
grad recht für uns zwoi Seela;
g'maurat no mit guate Schtoi,
es könnt so viel v'rzähla.

Voar eahm liegt d' Basilika
im hella Sonnaschei;
wenn i au guck, sie duat mir sa,
wia früah, wia schpät duats sei.

Sie mahnt mi au zu jed'r Zeit
mit ihr'r Glocka ehern Klang:
„Denk o Mensch an d' Ewigkeit,
sei gläubig und it bang."

I sieh au no da Kloascht'rbau,
an deam d' Günz voarüb'r fliaßt,
sieh, wia d' Sonna voar'm Unt'rgau
in alle Fenscht'r nei goldig grüaßt.

Von oba sieh i da Guggaberg,
sieh beinah na auf Stefansriad,
sieh 's Kapellele auf'm Buschlberg
und sieh, wenn a Wett'r aufziaht.

94

Doch 's Schönschte an meim Häusle isch,
es haut en groaßa Garta,
Schträuch'r, Schtauda und Gebüsch
und Beetla zom Bloma warta.

In deam Garta wachsat nau:
Veigala, Tulpa, Nelka, Rosa.
Aschtra und Schtiafmüatt'rla au
und Schmett'rling kommat zum liebkosa.

Rettich, Kraut und Kopfsalat,
Erbsa, Gurka und Tomata;
gelbe Rüabla, Randich und Spinat,
i ka es kaum erwarta.

Halt all dös, wia früah'r au,
wo i no a Bua bin g'wea,
wo i d' Erdbeer g'schtohla hau,
wenn's d' Muatt'r haut it g'seah.

Wo mir no alle mitanand,
i hau dös no nia vergessa,
an de Aubad weich wia Samt,
auf'm Bänkle sind beianand'r g'sessa.

Wo oba auf'm alta Apflbaum
d' Vögala hand jubiliert und g'sunga
und wo in manch'n Kind'rtraum
nei, a zarta Melodie isch drunga.

All dös, was i hau g'sait,
bringt mir dös Häusle wied'r
und so wia zua mein'r Jugendzeit,
blüaht am Zaun entlang d'r Flied'r.

Memorien

Wenn a Groaß'r z'ruck- od'r abtritt, nau schreibt der eines Tages seine Memorien. Memorien hoißt auf deutsch „Denkwürdigkeiten".

I bin zwar koi Groaß'r, i hau ab'r au meine Denkwürdigkeiten. A paar von deane will i v'rzähla.

Es passiert fei all'rhand vom erschta Schroi, bis zom letzschta Schnauf'r. Iatzt i, i hau gar it g'schria wia i auf d' Welt komma bin. I war dau viel zu vornehm. Wozua denn schreia hau i mir denkt, wenn's doch a so au gaut; 's Schreia isch allaweil scha a Zeichen der Schwäche. So leicht und so schnell isch selta oin'r auf d' Welt komma, als wia i. I war oifach dau. Wia zu mein'r Muatt'r d' Hebamm komma isch, om mi ans Licht der Welt zum bringa, bin i scha im Bettle dennag'sessa und hau auf d' Uhr guckat, wo d' Hebamm solang bleibt. Die erschte Jauhr hau i a scheanes Macha g'hett. I war d'r oinzig Bua und wenn i bloß en Graunz'g'r od'r en Dreasg'r doa hau, isch glei alles g'loffa und g'schprunga. Wia's an d'r Zeit war, daß i 's Laufa lern, haut mi mei Muatt'r am ma Freitag während em Elfaläuta ind de högschte Heilige Drei Nama dreimaul um da Schtubatisch romg'führt und nau bin i g'loffa, bis heit. I hau als Kind au koine krumme Füaßla g'hett, dia haut ma bei ma alta Weible a'beata lau. Es haut it viel koschtat. Wenn ab'r ebb'r g'moint haut, a Vergelts Gott dät's dau au, der haut saub'r ei'ganga könna. Deam Kind haut dös alt Weible nau grad so guat ebbes Na'beata könna. Doch meah z'ruck zu der Zeit, wo i im Schtubawaga denna g'leaga bin. Weil i auß'r ma alta Klepp'rle koine Schpielsacha g'hett hau, hau i halt moischtens mit meine Füaß und mit de Kringl g'schpielt, dia d' Sonn auf mei kariertes Bett zeichnat haut. Obwohl's in mein Schtubawaga it nei'reagna haut könna, war es allaweil ganz schea feucht in mein'r Wohnung. I hau oft in da wolkalosa blaua Himml guckat und hau mi g'wundrat, wo dia Nässe herkommt. Ab und zua isch d'r Baule zu mir nei'g'schprunga und haut mit mir g'foikat und au mit mir g'schlaufa. Oimaul wär es beinah schiaf ganga, denn dau haut er sich mit seim ganza G'wicht auf mein Hals g'legt. I war scha ganz blau, wia mei Großmuatt'r zuafällig nauch mir guckat haut. Langweilig war's mir eigentlich gar nia in meim Schtubawaga, denn kaum daß i alloinig war, sind scha d' Engala, d' Elfa und d' Heinzlmännla komma und nau war a Unt'rhaltung und a Gaudie im Gang, daß i oft hellauf g'lachat hau. Ja, dös war a scheana Zeit und sie isch viel zu schnell verganga. Kaum, daß i laufa hau könna, war vor mir nix meah sich'r. A'maul, i woiß es no guat, es war am ma Sonntag in d'r Früah. Auf'm Tisch sind sechs volle Kaffeeschala g'schtanda und d'r frischbachane Kranz mit'm Zuck'rguß. I war ganz alloinig in d'r Schtub und dau isch mir plötzlich ebbes Saudommes ei'g'falla. I bin in meim kurza Hematle auf d' Eckbank naufkrabblat und hau nau, i woiß heit noit warum, in alle sechs Kaffeeschala a bißale nei'bislat. Mei Schutzengale isch neaba dana g'schtanda und haut Obacht geah, daß i it von d'r Bank ra'fall. Daß ausgerechnet alle Leit vom Haus dussa g'west sind, hau i deam Umschtand zum verdanka g'hett, daß 's Luftschiff Zeppelin üb'r Krumbach und üb'r uns'r Haus g'floga isch.

Voar laut'r V'rzähla und da Kranz ei'brocka, hand alle mitanand'r nix g'schpannt. D'r Großvat'r haut sogar no mei Großmuatt'r g'lobat und haut zu ihr g'sait: „Marie! heit haut dei Kaffee a ganz b'sond'rs feines Aroma." Die andere hand ihm beipflichtat. Dös b'sondere feine Aroma war von mir.

Mei Hoimatstadt

I kenn mei Hoimatstadt
mit all ihre G'sicht'r,
als kloin'r Bua, als reif'r Mah
und iatzt sogar als Dicht'r.

Weil i dau geboara bin,
in d'r Hohlschtrauß Numm'r 33,
weil i dau in d' Schual ganga bin
und g'lernat hau recht fleißig.

Weil ma mi tauft und g'firmat haut,
in d'r Kirch Sankt Michael,
dia i heit trotz allem no
zua de schönschte Kircha zähl.

Weil i alle Gässala kenn,
durch dia i so oft bin ganga
und weil i in d'r Altlach doba,
so manch'n Frosch hau g'fanga.

Weil d'r Laubgang mir it fremd,
im Rabadompf hau Badengala brockat
und weil i im Blockhaus doba,
mit manch'm Mädle bin scha g'hockat.

Weil i 's Schloß scha solang kenn
und 's Rauthaus aus'm 17. Jahrhund'rt
und weil i an Mundings Haus,
dia Franzosakug'l hau scha oft bewund'rat.

Au dia Kug'l em Viehmarkt duß,
im Bartl Wolf sei'm Haus,
ihr kennat saga was ihr wend,
i kenn mi in mei'm Städtle aus.

Ob Schäf'rsloch, Kalvarienberg,
's Krumbächle mit seine Gompa,
i woiß no mehr ihr liabe Leit,
i laß mi dau it lompa.

I hau scha an d'r Billahaus'rschtrauß
nauch Birna und Äpf'l g'suacht
und hau in d'r Schparkaß dinn,
zigtausend Poschta scha verbuacht.

I war au no beim Ähra leasa
auf de Feld'r, wo heit Häus'r sind
und meine Dracha dia sind g'schtiega,
im Krumbach'r Oktob'rwind.

I hau in de Lexaried'rfeld'r duß
im Herbscht Kartoff'lfui'rla g'schürt
und hau em Nauchbaur seine Küah,
in d' Hamm'rschmiede nauf zum Woida g'führt.

Ihr seahat, i kenn mei Hoimatstadt
mit all ihre G'sicht'r,
als kloin'r Bua, als reif'r Mah
und b'sond'rs guat als Dicht'r.

I kenn se, weil i vom Demet'r aus
scha oft mei Städtle hau betrachtat,
wia's nauch manch'm Aubadroat
so langsam haut zuag'nachtat.

Wia d' Nacht nau üb'rm Kamm'ltal,
durchbrocha von de Liacht'r,
i kenn mei Städtle liabe Leit,
mit all ihre G'sicht'r.

100

Der zu hohe Blutdruck

„In der Früh 10 Tropfen aus dem Fläschchen Nummer 1, vormittags 20 Tropfen aus dem Fläschchen Nummer 2, mittags je 10 Tropfen aus den Fläschchen Nummer 3 und 4 und 2 Knoblauchpillen. Nachmittags eine Tasse Kräutertee und einen Kaffeelöffel Honig hinein. Am Abend 10 Tropfen aus dem Fläschchen Nummer 5 und 2 Knoblauchpillen, damit Du besser schlafen kannst."

So haut es mir mei Frau aufg'schrieba; sie isch nämlich für drei Wocha auf Bad Reichenhall g'fahra.

„In der Früh, mittags und am Abend die Katze füttern. Jedesmal ein anderes Futter nehmen, sonst frißt sie es nicht. Die Pille bekommt die Katze jeden Dienstag mit einem Stück roher Leber. Das Katzenclo muß wöchentlich zweimal frisch gemacht werden, sonst geht sie nicht mehr hinein. Auf die Nacht eine Handvoll Trockenfutter hinstellen. Jeden Morgen der Katze ein frisches Wasser hinstellen."

So haut es mir mei Frau aufg'schrieba, bevoar sie verreist isch.

„Die Blumen auf den drei Fenstersimsen jeden Tag gießen, weil es Geranien sind, die viel Wasser brauchen. Alle anderen Blumen im Haus bloß alle zwei Tage gießen, weil diese weniger Wasser brauchen. Die Kakteen wöchentlich nur einmal gießen. Die drei Keimboxen, in'denen ich meine Pflänzchen ziehe (Taketes, Astern, fleißige Lieschen, Geranien und Lobelien), jeden Morgen zum Lüften öffnen und abends schließen, damit sie in der Nacht nicht erfrieren. Gießen nur alle zwei Tage und zwar mit einem abgestandenen Wasser und mit dem Spritzgießer."

So haut es mir mei Frau aufg'schrieba, bevoar sie verreist isch.

Was sie mir sonscht no für Verhaltensmaßregla geabe haut, wia ja nix Fettes, nix Salziges, nix Scharfes, viel Quark essa, ja koin Boahnakaffee trinka, dös haut sie it extra aufg'schrieba, dös woiß i au so; i hau nämlich, wia i scha g'sait hau, en viel zu hoaha Bluatdruck, manchmaul üb'r zwoihund'rt.

Nau hau i mei Frau auf Memminga auf da Bah'hof braucht und hau se in da Zug Richtung Bad Reichenhall g'setzt. Bevoar i hoim'g'fahra bin, hau i in Memminga erscht no a pfundiga, extra fetta Schweinshax und vier Salzschpitzla kauft, denn i hau ja für da Mittag ebbes zom Essa braucht. Mei Frau haut mir zwar en Spinat herg'richtat g'hett, ab'r dean iß i bloß, wenn sie dau isch, it wenn sie it dau isch.

D'r Katz isch es no nia so guat ganga, als wia in deane drei Wucha, wo mir zwoi alloinig warat. Dös Dosafuatt'r, auf dös sie sowieso it scharf isch, hand mir gar nomma a'guckat. Seitdeam frißt sie bloß no a roaha Leab'r, a Herz und Schweinsnierla. Anstatt Wass'r trinkt sie iatzt a Mill, ab'r a Bärenmarke muaß es sei. No liab'r schleckat sie Schlagsahne, denn dia hau i mir jed'n Tag zua ma richtiga Boahnakaffee g'macht. Mir zwoi hand g'leabt, wia Gott in Frankreich.

D' Geranien hau i ganz guat durchbraucht, wenn au a paarmal 's Wass'r an d'r Wand na'gloffa isch, weil i's mit'm Giaßa b'sond'rs guat g'moint hau. D' Kakteea hau i bloß oi'maul gossa, nau nomma, weil i mi an so ma wüaschta Siacha g'schtocha hau. Aus de drei Keimboxa wird hui'r bei weit'm it soviel rauskomma, wia in de vergangene Jauhr, weil i a paarmaul 's Zuamacha vergessa hau und weil es in deane Nächt ganz schea kalt woara isch. D' Lobelien, dös hoißt auf deutsch „Männertreue", werdat wahrscheinlich ganz ausbleiba, weil mir dia Box a'maul vom Tisch na'g'falla isch.

D' Katzenpille, daumit sie im Alt'r koine Junge meah kriagt, hau i anscheinend mit meine Knoblauchpilla verwechslat; seitdeam reißt's mi in d'r Nacht aus'm Bett, wenn irgendwo a Katzabaule schreit und mei Katz schlauft so guat, daß sie bloß no schnarchlat.

I hau es in deane drei Wucha so schtreng g'hett, daß i gar it d'rzuakomma bin, an meine Tropfa zom denka. Wia es mir am Tag voar mei Frau meah hoimkomma isch, siadighoiß eing'falla isch, daß i gar nia ebbes ei'g'nomma hau, hau i schnell aus alle fünf Fläschla soviel in da Ausguß laufa lau, daß d' Menge in de Fläschla meah g'schtimmt haut.

Es warat drei herrliche Wocha; i hau a'maul all dös essa und kocha könna, was mir Fraid g'macht haut. Es war oft so guat, daß es

102

mir selb'r grausat haut. Auf jed'n Fall hau i feschtg'schtellt, daß i viel g'sünd'r bin, als wia mir g'moint hand. I hau in deane drei Wucha g'sündigt mit Gedanken, Worten und Werken. Wia mei Frau no an deam Tag, wo sie z'ruckkomma isch, mein Bluatdruck g'messa haut, war der auf zwoihund'rtzwanz'g. So hoah war er scha lang nomma. I hau zur Ausred g'nomma, dös sei d' Fraid daudrüb'r, daß sie wied'r dau isch. Ab'r sie haut'n scha meah ra'braucht, da Bluatdruck, mit viel Quark und Wass'rreis.

Im nägschta Jauhr will sie ohne mi nomma verreisa, schad!

Ein nicht alltägliches Zwiegespräch zwischen einem älteren Ehepaar

Er: Frau, was geit's morga?
Sie: Hauscht du koine andere Sorga?
Er: Morga isch Sonntag!
Sie: Dös woiß i au!
Er: Wia wär's wied'r a'maul mit ma richtiga Schweinebrauta?
Sie: Du all mit deine Schweinebrauta!
Er: Was hoißt dau „mit deine", i will bloß oin!
Sie: I mach dir koin.
Er: Und warom it?
Sie: D'r Dokt'r haut g'sait, du sollscht it allaweil a Schweinefleisch essa.
Er: I will's it allaweil, i will's morga!
Sie: I hau's dir scha gsait!
Er: Was hauscht du mir g'sait?
Sie: Daß i dir koin mach!
Er: Und wenn i oin will, nau ka'scht du die auf da Kopf schtella!
Sie: Sei doch it so ordinär!
Er: Was hoißt dau ordinär?
Sie: I woiß doch, was du no saga willscht!
Er: Was will i no saga?

Sie: Auf da Kopf schtella ond mit'm Hint'ra Fluiga fanga.
Dös hauscht du saga wolla.
Er: Wia kommscht iatzt du vom Schweinebrauta auf dein Hint'ra?
Sie: I kenn die doch!
Er: Dös ging au gar it!
Sie: Was ging it?
Er: Mit'm Hint'ra Fluiga fanga.
Sie: Du gell, dös merkscht dir. Wenn i's will, nau bring i dös au
fertig.
Er: Und wenn nau a Weschp zwischa nei'kommt?
Sie: Nau isch dös all no mei Sach!
Er: Nau bleibt's also beim Schweinebrauta?
Sie: Eaba it. D'r Dokt'r haut g'sait, daß dei Glitzerinschpiagl viel
zu hoch isch.
Er: Was für a Schpiagl?
Sie: Dei Glitzerinschpiagl.
Er: Du moinscht mei Colesterinschpiagl!
Sie: Sag i doch de ganz Zeit.
Wie wär's mit Rindsroulada und Blaukraut?
Er: Dia hand mir erscht kürzlich g'hett!
Sie: Dös isch it wauhr. Voarig'n Sonntag haut's en Rahmbrauta
geah. Voar vierzeh Täg hau i a Gulasch g'macht.
Er: (lacht)
Sie: Was geit es dau zom Lacha?
Er: A Gulasch hätt es sei solla.
Sie: (beleidigt) Dös ka jed'm a'maul passiera.
Er: Bloß d' Knödl haut ma no essa könna. D' Fleischbrocka warat
ei'tricknat und schtoihart. Es haut beim Essa kracht, als wenn
mir Knallerbsa essa dätat.
Sie: Weil du 's Wass'r zom Nauchgiaßa vergessa hauscht.
Er: I, ausg'rechnat i!
Sie: Wer denn so'scht?
Er: D'r Heilig Geischt!
Sie: Schwätz doch it so domm d'rher!
Er: Was hoißt dau domm? Du warscht doch in d'r Elf'rmeß!
Sie: Also, nau ka i doch it 's Wass'r nauchgiaßa!

104

Er: I doch au it!

Sie: Warom nau it?

Er: Weil du doch dös Gulasch im nuia Schnellkochtopf g'macht hauscht. Dau muaß ma 's Wass'r scha glei nei'do. Hint'rher ka ma dös nomma.

Sie: So g'scheit bin i au!
Und wer haut a Gulasch g'wöllt? Du!

Er: Weil i d' Knödl und d' Soß so geara mah.

Sie: D' Knödl hauscht ja g'hett!

Er: Ab'r d' Soß war so bitt'r, daß ma se schier it essa haut könna.

Sie: Und voar drei Wucha hand mir Kottlett mit Kartofflsalat g'hett. Dös war au ebbes Schweinernes!

Er: Ab'r so kloine Kottlett, daß ma leicht zwoi essa hätt könna!

Sie: Die kloine sind it greaß'r!

Er: Warom hauscht nau it greaßere g'nomma?

Sie: Die heitige Saua sind it greaß'r!

Er: Sigsch Frau! D'rom will i wied'r a'maul en richtiga Schweinebrauta.

Sie: I hau dir's scha g'sait, du kriagscht koin.
Wia wär's mit ma Hackbrauta?

Er: So en truckana Siacha. Nau scha liab'r Fleischküachla.

Sie: Was dir it ei'fällt! Am Sonntag Fleischküachla! Dös haut's doch no nia geah!
Woischt du gar nix anderes?

Er: Wia wär's mit Kalbsvögala?

Sie: A Kalbfleisch kommt mir it ins Haus.

Er: Warom nau it?

Sie: Erschtens isch es mir z' tui'r und zwoitens isch ma it sich'r, ob es it mit Ostergen vergiftat isch.

Er: Ostern isch doch scha lang rom!

Sie: Wer schwätzt denn von Oascht'ra!

Er: Ja Du! Du hauscht doch grad „Ostergen" g'sait!

Sie: I hau doch dös Gift g'moint ond it Oschtern!

Er: Nau muascht du scha Östrogen saga!

Sie: Auf jed'n Fall kauf i koi Kalbfleisch!

Er: Wia wär's mit ma Sau'rbrauta ond Schpätzla?

Sie: Dös gaut nomma, dau hätt i 's Fleisch scha voargescht'rn in
    da Essig lega müassa! Was moinscht zua ma Gockl?

Er: Dia Glauberei! Wenn i en Gockl will, nau iß'n i an deam
    Montag, wo mir zom Kegla gand.

Sie: Ond Putenschenkl?

Er: Wenn's scha Füaß sei müaßat, nau wär mir a Kalbshax liab'r!

Sie: Heit am Samstag gibt's koi Kalbshax meah.
    Dia muaß ma scha voarher b'schtella!

Er: Ond a Schweinshax?

Sie: Schtell die doch it dümm'r als wia du bischt!

Er: Du i hau a Idee!

Sie: Dau bin i ab'r neugierig! Seitdeam du im Ruheschtand bischt,
    sind deine Ideea nomma so guat!

Er: Woischt was, mir gand morga zom Essa!

Sie: Wenn du mi ei'lada duascht!

Er: Eigentlich könntescht du dei Essa selb'r zahla, ab'r i ka ja au
    en Kavalier schpiela!

Sie: Dös isch scha arg lang her!

Er: Was?

Sie: Daß du en Kavalier g'schpielt hauscht!

Er: Komm! Komm!

Sie: Uns'rn Hochzeitstag hauscht du hui'r au vergessa!

Er: D'r wiavielte war's?

Sie: D'r sechsadreißigschte!

Er: Wia doch d' Zeit vergaut!

Sie: So oft wia mir zom Essa gand, ka'scht scha du zahla!
    Andere Leit gand fascht jed'n Sonntag!

Er: In d' Kirch?

Sie: Zom Essa!

Er: Mächtescht du dös?

Sie: Noi! Ab'r so zwischanei wär's ganz nett!

Er: Also, nau gand mir morga!

Sie: Wo gand mir na?

Er: Dös könnat mir ons no üb'rlega.
    Am Sonntag sind se nau tatsächlich zom Essa g'fahra.
    Auswärts, daumit se it soviel bekannte G'sicht'r seah müaßat.

106

Wia se nau a zeitlang d' Schpeiskart g'schtudiert hand, haut d' Bedienung g'fraugat, ob sie scha g'wählt hand.

Sie haut nau g'sait:

Sie: I hätt geara dean schwäbischa Filettopf mit handg'schabte Schpätzla ond Salat.

Er: Ond i kriag zuar Fei'r des Tages en richtiga, fetta Schweinebrauta mit drei Knödl ond Salat.

Sie: Denk an dein Kloschterinschpiagl!

Er: Du, guck de a'maul unauffällig om!

Sie: Warom was isch?

Er: Od'r no bess'r, guck unauffällig in da Schpiagl nei!

Sie: In was für en Schpiagl?

Er: In dean, der üb'r ons hangat!

Sie: Ond was sieh i dau?

Er: Mein Dokt'r!

Sie: Iatzt so a Zuafall, i hau'n beim Rei'ganga gar it g'seah!

Er: I au it! Was moinscht, was der ißt?

Sie: Siegscht du dös?

Er: Es isch it zom üb'rseah!

Sie: Ond was isch dös?

Er: A Mordstromm Schweinshaxa!
Ond mir haut er's verbota!

Sie: Deam sei Schpiagl isch halt in Ordnung!

Er: D'r meinig au!

Sie: Woher willscht du dös wissa?

Er: Weil i beim Rasiera nei'guckat hau! (lacht)

Sie: Lach na! I lach nau au, wenn es die vom Schtängale na'haut!

Er: Dau lachescht nau nomma!

Sie: Ond warom it?

Er: Weil du nau koin meah hauscht, der die ärg'ra duat!

Sie: I mächt au gar koin Andara meah! Auf die na isch mir d'r Gluuscht verganga!
Mahlzeit!

Er: Mahlzeit!

Noch ein Zwiegespräch

Er: Frau! Hui'r fahrat mir wied'r a'maul in da Urlaub.

Sie: I hätt nix d'rgega.

Er: Ma wird von Jauhr zu Jauhr ält'r.

Sie: Du vielleicht! I fühl mi no jong.

Er: I au! I könnt no Bäum ausreißa.

Sie: Komm üb'rtreib it. Dau merk i nomma viel.

Er: Wenn i sag!

Sie: Es müaßat ja it grad Bäum sei, rupf na z'eascht d' Brennessl im Garta.

Er: Wo fahrat mir nau na?

Sie: It scha wied'r nauch Südtirol.

Er: Was hauscht Du gega Südtirol?

Sie: Nix! Ab'r mir warat iatzt scha mindeschtens fünfmaul in Südtirol.

Er: Wia wär's hui'r mit Kärnt'n?

Sie: Zua de Öschterreich'r?

Er: Ja!

Sie: Isch dös Dir it z'weit zom fahra?

Er: I fahr au no weit'r wenn es sei muaß.

Sie: I dät geara wied'r a'maul ans Meer fahra, zom Bada.

Er: An d' Adria?

Sie: Am liabschta nauch Gabice Mare, wo mir voar zeha Jauhr scha a'maul warat.

Er: Dös isch no läng'r her. I hau mein VW iatzt 13 Jauhr und dös war voarher.

Sie: Mir könntat au mit'm Zug fahra.

Er: Zuawas mit'm Zug, wenn mir a Auto hand.

Sie: Nau ka ma's it schteahla.

Er: Dös schtiehlt uns koin'r meah. It a'maul d' Italien'r.

Sie: Nau brauch i ab'r a paar nuie Badea'züg.

Er: Und i a paar nuie Badhosa.

Sie: Dia gand no guat.

Er: So, dia gand no! Isch es Dir gleich wia i romlauf?

Sie: Wer guckat scha nauch ma alta Mah?

Er: Und Du?

Sie: Erschtens bin i om fünf Jauhr jüng'r und zwoitens tragt ma iatzt ganz andere Bade- und Schtranda'züg als wia voar mehr als zeha Jauhr.

Er: Und au andere Badhosa.

Sie: Grad gescht'rn isch im Fernseh'n komma, daß sich bei de Herra in d'r Bademode nix g'ändrat haut.

Er: Au recht! Wenn es Dir gleich isch wia i romlauf.

Sie: Du brauchscht ja it romlaufa. Bleib Du na im Sand liega.

Er: Und wenn i nau ins Wass'r gang?

Sie: Nau guckat ma it grad auf die.

Er: Bei mein'r Figur!

Sie: Bei dein'r Wamp ka ma doch nomma von Figur saga. Dau kreuzat scha andere Figura auf.

Er: A propo „kreuza"! Hauscht Du it scha allaweil von r'r Kreuzfahrt g'schwärmt?

Sie: Dös duat's no in zeha Jauhr.

Er: In zeha Jauhr verreis i nomma.

Sie: Warom nau it?

Er: Dau bin i nau fünfasiebz'g.

Sie: Nau kreuz i halt alloi.

Er: Dös dät Dir so passa. Wia wär's mit r'r Flugreis?

Sie: Wer?

Er: Ja mir!

Sie: Du sitzscht doch in koi Flugzeug nei.

Er: I vertrag ja it a'maul 's Schiffschaukla.

Sie: Wia kommscht Du nau auf a Flugreis?

Er: Weil i Dir a Fraid macha mächt.

Sie: A Fraid?

Er: Ja!

Sie: Sei na so'scht nett'r, nau machscht mir au a Fraid.

Er: Bin i dös it?

Sie: I könnt's it saga, Du warscht scha nett'r.

Er: Wia soll i dau nett sei, wenn Du mir it a'maul a nuia Badhos vergonnscht?

Sie: Von mir aus ka'scht Du Dir a halbes Dutzad kaufa.

Er: Iatzt mag i scha nomma. Iatzt lauf i mit Fleiß in meine alte Sacha rom.

Sie: Du duascht grad, als wenn mir morga scha fahra dätat.

Er: Ma muaß rechtzeitig plana.

Sie: Wia lang wend mir nau hui'r bleiba?

Er: Mindeschtens vierzeh Täg.

Sie: Hältscht Du dös solang aus?

Er: Warom soll i dös it aushalta?

Sie: Wenn mir in Gabice sind, nau ka'scht fei it jed'n Tag in da Wald ganga.

Er: Dös isch ja dös scheane, daß i a'maul ganz ausschpanna ond genießen ka.

Sie: I bin ja neugierig, ob dös guat gauht.

Er: Fahrat mir im Juli od'r im Auguscht?

Sie: In d'r greaschta Hitz!

Er: Dau isch es am scheaschta.

Sie: Weil d' Hitz für die ja so guat isch!

Er: A Guat'r hält's aus.

Sie: So derfscht Du scha saga. Ond übrigens wommlats im Auguscht am Schtrand.

Er: Was duat es dau?

Sie: Wommla! W u m m e l n!

Er: Voar was?

Sie: Voar Leit!

Er: Dös isch nix für mi.

Sie: Dös denk i mir au. Nau fahrat mir halt scha im Juni.

Er: Dau isch 's Wass'r noit wara g'nua. Ont'r 25 Grad gang i it nei. I fahr doch it zum friera bis dau na.

Sie: Nau muascht dauhoim in d' Badwann nei'hocka. Dau ka'scht de nau brüaha.

Er: Sei doch it so gehässig.

Sie: Isch doch au wauhr. Und im Septemb'r?

Er: Dau haut d'r Monat scha meah a „r".

Sie: Dös gilt doch it für Italien.

Er: Mei Muatt'r haut g'sait, alle Monat dia a „r" hand, sind g'fährlich. Dau soll ma it barfuaß ganga, it ins Gras sitza ond it bada.

Sie: Nau fahr doch mit Dein'r Muatt'r auf Gabice.

Er: Nau müaßat mir uns eaba a Gegend raussuacha, wo ma im Juli und Auguscht it soviel Leit auf oim Haufa sieht.

Sie: Nau derfscht ab'r an koin See ond au it ans Meer fahra.

Er: Du hauscht doch g'sait, daß Du wied'r a'maul ans Meer mächtescht.

Sie: Weil 's Schwimma so g'sond isch.

Er: Ab'r it im Juli und Auguscht bei soviel Leit.

Sie: I här die scha meah laufa.

Er: Was mächtescht Du daumit saga?

Sie: Am Schluß landat mir meah in Südtirol.

Er: Dös ka scha sei.

Sie: Dau ka'scht ab'r nau it bada.

Er: Mi roicht's, wenn i mi nauch d'r Bergtour richtig duscha ka.

Sie: Mah! Schlag Dir's aus'm Kopf.

Er: Was?

Sie: Da Urlaub.

Er: Warom?

Sie: Weil mir üb'rhaupt it fahra kennat.

Er: Warom nau it?

Sie: Weil mir ons'ra Katz vergessa hand.

Er: Jegges noi! An dia hau i gar it denkt.

Sie: Solang ons'ra Katz leabt, könnat mir it in Urlaub fahra.

Er: Dös sagat mir iatzt scha bald zeha Jauhr.

Sie: Mitnehma könnat mir sie it, zu fremde Leit gauht sie it und ins Tierheim dua i sie it. Dau bleibat mir halt dauhoim.

Er: Ond Deine nuie Schtrand- und Badea'züg?

Sie: Dau kauf i mir d'rfür a schean's Deandl.

Er: Ond i kauf mir en halba Zent'r Meersalz.

Sie: Was willscht mit deam?

Er: Dauhoim bada

Sie: Ond wo nimmscht Du da blaua italienischa Himm'l her?

Er: Dau dond mir halt blau tapeziera.

Sie: Nau machat mir halt a paar Tagestoura, solang ka ma d' Katz alloi lau.

Er: Dia haut uns fei en Haufa Geld scha verschparat. Wia alt wird a Katz?

Sie: Zeha, zwölf, au fuchzeh Jauhr.

Er: Nau sieh i schwarz, dau bin i ja nau fünfasiebz'g.

Sie: Grad 's richtige Alt'r für a Kreuzfahrt.

Er: Wenn Du moinscht!

Sie: Du hauscht doch au no nia so a Kreuzfahrt mitg'macht!

Er: I scha!

Sie: Du!

Er: Ja.

Sie: Wenn nau?

Er: Seit i verheirat bin, auf'm gleicha Schraubadampf'r.

2. TEIL

Corina

Es klingt wie ein Märchen, es ist ein Märchen und es ist doch keines.

Als meine Tochter Corina noch klein war, da gab es kaum einen Tag, da ich ihr nicht ein Märchen oder eine Geschichte vorlesen mußte. Gar bald hatte sie es heraus, wenn ich ihr etwas vorlas, das heißt vorlesen wollte, das sie schon kannte. Da blieb sie unnachgiebig. Hieraus ergab sich, daß ich Märchen und Geschichten selbst erfinden und erdichten mußte. Mit Stolz darf ich behaupten, daß sie meine, aus der Not heraus geborenen Märchen und Geschichten am schönsten fand; sie bestätigt dies immer wieder. Eines Tages erfand und erzählte ich ihr das Märchen von den „Taudiamanten".

Ich erzählte ihr, daß an den Sommertagen, der Petrus, die eigens dazu auserwählten Englein, auf die Erde schickt, um die glitzernden Taudiamanten wieder einzusammeln, die der junge Tag, wenn er besonders gut aufgelegt ist, millionen- und abermillionenfach auf der Erde verstreut und in denen sich dann die Sonnenstrahlen baden und spiegeln. Ob der Tag gut aufgelegt ist, erkennt man daran, daß er sich dann seinen tiefblauen Mantel umgehängt hat. Der Petrus achtet sehr darauf, daß auch restlos alle Taudiamanten eingesammelt werden; denn, wo käme der Himmel denn hin, wenn jeden Tag so und so viele verlorengingen.

Schon am nächsten Morgen, nachdem ich meiner Tochter dieses Märchen erzählt hatte, wollte sie sich von der Richtigkeit meiner Worte überzeugen. Als die Sonne schon viel zu hoch am Himmel stand, beobachtete ich meine Tochter, wie sie im Garten eifrig suchte, ob nicht doch irgendwo ein Diamant liegengeblieben sei. Sie hörte mit dem Suchen erst auf, als ich ihr erklärte, daß um diese Zeit die Englein mit ihren Körbchen voller Diamanten längst wieder im Himmel seien und daß sie, wenn sie einen Diamanten finden wolle, viel früher aufstehen müsse.

Bis hierher ist es ein Märchen und könnte ein Märchen bleiben, wenn nicht ein Tag gekommen wäre, der das Märchen Wirklichkeit werden ließ.

Ich muß vorausschicken, daß unser Garten, in dessen Mitte unser kleines Haus steht und in dem das ganze Jahr über Blumen blühen, ehemals ein Teil eines herrschaftlichen Besitzes war, der eines Tages verkauft werden mußte. Ein kleines Stückchen davon erhielt mein Urgroßvater, der als Herrschaftsgärtner angestellt war und von dem sich die Liebe zu den Blumen bis auf den heutigen Tag fortpflanzte. Mein Urgroßvater baute sich ein Häuschen mit vielen Fenstern, schlug im Garten einen Brunnen für seine vielen Blumen und Sträucher, nahm sich ein braves Mädchen zur Frau und war glücklich. Es kamen nacheinander vier Buben auf die Welt und weil das fünfte Kind wieder ein Junge war, gab er die Hoffnung auf, daß er den Lieblingsnamen „Corina", den er für seine erste Tochter in seinem Herzen bereithielt, jemals verwenden könne. Corina hieß das zarte, engelsgleiche Wesen, in das sich mein Urgroßvater, als er noch der Herrschaftsgärtner war, unsterblich verliebte. Das aber, weil blaues Blut in ihren Adern floß, für ihn unerreichbar blieb.

So sehr verwunderlich ist es also nicht, daß wir, meine Frau und ich, unsere Tochter Corina tauften. Ein Name, der bei der Anmeldung ihrer Geburt, in dem kleinen Städtchen in dem wir wohnten, großes Aufsehen erregte. So ist also der geheime Herzenswunsch meines Urgroßvaters doch noch in Erfüllung gegangen.

Ein paar Tage später, als ich das Märchen von den Diamanten und den Englein erfand, schlüpfte in aller Frühe meine Tochter in den Garten hinaus, um vielleicht diesmal einen Diamanten zu finden, der irgendwo versteckt liegenblieb.

Es war ein Morgen, an dem der junge Tag besonders gut aufgelegt war. Die Amseln flöteten aus den blühenden Apfelbäumen, der Kuckuck rief aus dem nahen Walde und die Maiglöcken dufteten, daß es einem ganz feiertäglich ums Herz wurde. Ich stand

114

am Fenster und weil es wie gesagt ein herrlicher Morgen war, ließ ich sie im Garten suchen. Sie hätte in ihrem kurzen Nachthemdchen leicht ein Engelein sein können, das sich beim einsammeln verspätet hat. Für den Fall, daß meine Tochter wieder enttäuscht hereinkommt, hatte ich mir eine passende Ausrede ausgedacht. – Plötzlich hörte ich sie voller Freude laut aufjuchzen und ich sah, daß sie etwas in der Hand hielt, das in der Morgensonne glänzte und sprühte. Ich eilte schnell hinaus um zu sehen, welch wertlosen Schatz meine Tochter in Händen hielt. Ich vermutete einen bunten Glasscherben. Papi! Papi! rief sie überglücklich, „ich habe einen Diamanten gefunden. Schau nur!" Dabei hielt sie mir einen schmalen, goldenen Armreif entgegen, der mit zwölf Diamanten besetzt war. Ich glaubte meinen Augen nicht zu trauen, als ich, nachdem ich den Armreif im feuchten Gras vollends gesäubert hatte, die Eingravierung „Corina 1849" las. Dabei fiel mir die Geschichte ein, die ich als kleiner Junge eines Tages von meinem Großvater hörte und in der von einem Brilliantarmreif die Rede war, den einmal das adelige Fräulein Corina im Park verloren hatte, und den sein Vater, also mein Urgroßvater, tagelang vergebens suchte. Dabei wollte gerade er ihn finden.

Nach mehr als hundert Jahren war es ausgerechnet ein Maulwurf, der aus meinem „Tau-Diamanten-Märchen" eine wahre Geschichte machte. Denn er war es, der nach so viel Jahren den wertvollen Schmuck ans Tageslicht beförderte.

Nur an den ganz hohen Fest- und Feiertagen trägt meine Tochter diesen Brilliantarmreif, dann jedoch mit soviel Grazie, daß leicht blaues Blut in ihren Adern fließen könnte.

Pfingstrosen

Pfingstrosen im Garten, sie duften und blühen.
Farbige Tupfer sind es von oben gesehen.
Im blauen Äther lustig die Schwalben ziehen.
Nach allen Richtungen ihre Liedlein verwehen.
Ganz benommen bin ich vom Dufte der Rosen.
Samtweiche Blüten, die ganz offen sind.
Tauperlen gleich möchte ich sie liebkosen.
Rosendüfte trägt ganz sachte der Wind.
Offen ist meine freudige Seele.
Selbstlos meine Wünsche bei dieser Pracht.
Ehrlich gemeint ist es, wenn ich erzähle:
Nur an Dich habe ich dabei gedacht.

Susl

Es war zu der Zeit im Jahr, da im Frühling die jungen Katzen geboren werden. Als meine Schwester Dora eines Tages auf dem Weg zur Schule, über die Kammelbrücke ging, sah sie einen verschnürten Schuhkarton im Wasser treiben. Bei näherem Hinsehen bemerkte sie, daß sich in diesem Karton etwas bewegt und sie hörte, daß es darin jämmerlich miaute. Schon damals gab es Menschen, Menschen ist dafür nicht der richtige Ausdruck, die sich auf diese häßliche Art und Weise die jungen Katzen und Hunde vom Halse schafften.

Meine Schwester ließ Schule Schule sein und rannte zur Unteren Mühle, weil dort am Rechen der Schuhkarton hängen bleiben mußte. Sie mußte einwenig warten, denn sie war viel schneller, als die träge dahin fließende Kammel. Der Schuhkarton lag schon viel tiefer im Wasser und es hätte nicht mehr lange gedauert und er wäre untergegangen.

116

Meine Schwester rannte mit dem durchweichten Schuhkarton rasch nach Hause. Zu Hause war man nicht gerade erbaut, als sie mit dem Schuhkarton und mit dem was darinnen war ankam. Doch die Großmutter, die immer einige Tiere wie Gänse, Enten und Hühner um sich hatte, war die Erste, die helfend zugriff. Sie nahm das zitternde, frierende und nur noch ganz schwach miauende Kätzchen, wickelte es in einen Wollschal und legte es in ein schnell herbei geschafftes und mit Heu ausgelegtes Nähkörbchen. Dann wurde dem Kätzchen eine warme Milch vorgesetzt; aber es war viel zu müde und viel zu schwach um zu trinken. Es wird wohl sterben müssen, meinte die Großmutter, die aber, als sie die erschrockenen Augen meiner Schwester sah, tröstlich hinzufügte, sie solle ruhig in die Schule gehen, sie werde es schon durchbringen. Für ihre gute Tat mußte meine Schwester, als sie um eine ganze Stunde zu spät in die Schule kam, als Strafaufgabe 25 mal „ich darf nicht zu spät in die Schule kommen", in ihr Aufsatzheft hineinschreiben. Sie hat es nicht ein einzigesmal hineingeschrieben, denn als die Großmutter davon erfuhr, ist sie mit dem Kätzchen und mit dem durchweichten Schuhkarton zu den Armen Schulschwestern gegangen und hat denen ein paar Gleichnisse aus dem Leben Christi erzählt.

Das Kätzchen ist wirklich durchgekommen und es ist von Woche zu Woche netter und trolliger geworden. An meiner Schwester Dora ist es mit besonderer Liebe gehangen; sie folgte ihr auf Schritt und Tritt. Sie hat es anscheinend in ihrem kleinen Katzenherzen gespürt, daß sie ihr alles zu verdanken habe. Wenn meine Schwester strickte, oder ihre Schulaufgaben machte, dann saß die Susl, sie hatte inzwischen den Namen „Susl" erhalten, ganz in ihrer Nähe und wartete darauf, daß sie Zeit für sie habe. Die Beiden waren unzertrennlich.

Eines Tages im späten Herbst wurde meine Schwester Dora sehr krank. Der Doktor wußte keinen Rat mehr und er eröffnete den Eltern, daß man mit dem Schlimmsten rechnen müsse. Die Susl, die das spürte und die nicht in das Krankenzimmer durfte, fraß nicht mehr und sie wurde von Tag zu Tag weniger. Als meine Schwester immer wieder nach der Susl fragte und verlangte, und weil der Arzt meinte, man solle ihr vielleicht den letzten Wunsch erfüllen, durfte die Susl einen kurzen Krankenbesuch machen. Aus diesem kurzen Besuch wurden fünf volle Tage, denn niemand im ganzen Haus getraute sich die Susl von der Brust meiner Schwester zu nehmen, auf die sie sich gelegt hatte. Sie verteidigte ihren Platz wie ein wild gewordener Tiger.

Das große Wunder geschah, meine Schwester wurde gesund. Die Susl verlangte endlich nach draußen. Sie verkroch sich zu dem Platz im Garten, wo sie mit meiner Schwester täglich saß – und starb. Der Doktor, der alle Hoffnung aufgegeben hatte, konnte sich das Wunder nur damit erklären, daß die Katze, die tagelang auf der Brust meiner Schwester lag, deren Krankheit an sich gezogen hat. Nur so ist es zu erklären, daß meine Schwester mit dem Leben davonkam. Aus Dankbarkeit für ihr kurzes Leben, das die Susl meiner Schwester zu verdanken hatte, hat sie das ihre hingegeben. Eine wahre Geschichte, die es wert ist, niedergeschrieben zu werden.

In den paar Tagen, da meine Schwester der Gesundung entgegenschlief, war meine Großmutter viel unterwegs, bis sie endlich ein Kätzchen gefunden hatte, das der Susl täuschend ähnlich sah.

Der Dichter

Wenn ich nicht ein Dichter wär,
wäre mein Leben nicht so schwer,
denn in jedem Sonnenstrahl,
in all den Blumen ohne Zahl,
in den Käfern groß und klein,
in dem Lied der Vögelein,
verspür ich in mir drinnen,
ein Reimen und Beginnen.

118

Wenn ein Blatt vom Baume fällt,
wenn der Wind ein Lied erzählt,
wenn eine Rosenknospe bricht,
wenn im milden Sternenlicht,
die Erde sich zur Ruhe legt,
die Nacht dann ihre Träume trägt,
verspür ich in mir drinnen,
ein Reimen und Beginnen.

Wenn die alten Linden blühen,
Schafe über die Felder ziehen,
wenn Früchte hängen an dem Baum,
der Schnee liegt auf dem Gartenzaun,
wenn Nebel steigen aus dem Tal,
der Himmel brennt wie ein Fanal,
verspür ich in mir drinnen,
ein Reimen und Beginnen.

Kaum, daß ich zu Papier gebracht,
was mein Herz so voll gemacht,
seh ich irgend etwas liegen
oder sich im Winde wiegen,
seh ich Zwerge, Elfen, Feen
und schon ist es um mich geschehen,
dann verspür ich in mir drinnen,
ein neues Reimen und Beginnen.

Bin ich wirklich mal am Ende
und es ruhen meine Hände
und es fällt mir nichts mehr ein,
müßte ich eigentlich glücklich sein.
Doch dann erpresse ich meine Seele,
ich bitte sie, daß sie mir erzähle
von all dem Schönen um mich her;
ach, wenn ich nur kein Dichter wär.

Ein Brief an meinen Freund, der im Mai 1942 als Soldat in der unendlichen Weite in Rußland stand und der in seine geliebte Heimat nicht mehr zurückkehrte. In diesem Brief versuchte ich ihm den Frühling in der Heimat zu schildern.

Lieber Freund!

Viel Zeit ist nun verstrichen, seit ich Dir das letztemal geschrieben habe. Du wirst schon längst auf meinen Brief gewartet haben. Heute sollst Du ihn endlich erhalten. Ich habe ihn mit den besten Wünschen und vielen Grüßen in den Briefkasten geworfen. Der Frühling ist in der Zwischenzeit ins Land gezogen. Mich deucht, als wäre er heuer nach dem langen und strengen Winter besonders schön. Von ihm will ich Dir berichten, vom Frühling in der Heimat. Ich weiß nur nicht, wo ich beginnen soll. Soll ich Dir zuerst von meiner Frühlingswiese schreiben, die wie ein goldener Teppich vor mir ausgebreitet liegt, oder soll ich Dir sagen, welch herrliche Blumen in meinem Garten stehen; daß die Bäume blühen und der Flieder duftet. Wenn ich auch manchmal nicht die richtigen Worte finden sollte, mit denen ich Dir den Frühling in der

Heimat schildern will, so wirst Du als rauher Kriegersmann mich auch so verstehen. Die herrliche Frühlingswiese mit dem Gold des Löwenzahns und dem Weiß der Gänseblümchen geschmückt; Du solltest sehen, wie schön sie ist. Kleine himmelblaue Vergiß- meinnicht sind bei ihr zu Gast geladen und die kleinen Blumen- kinder treiben ein lustiges Versteckspiel im grünen Gras. Neben meinem bunten Blumenteppich liegt ein von zartem Grün ge- schmückter Acker. Er wird ob seiner Bescheidenheit fast über- gangen. Doch, wenn erst seine Zeit gekommen ist, dann ist er es, der das Gold der Wiese empfängt und dann sind es auch noch rote und blaue Blumen, die von den goldenen Wogen des Kornfeldes getragen werden. Wir stehen dann vor ihm und unser Schauen wird zum Gebet. Auch den kleinen Kleeacker will ich nicht ver- gessen. Mit seinem dunklen satten Grün, paßt er in mein Früh- lingsbild. Dir zu schreiben, wie schön der Wald ist, wird mir wohl nicht recht gelingen. Du müßtest ihn selbst sehen; dann würdest Du auch verstehen, daß ich nicht die richtigen Worte finden kann, die Dir sagen sollen, welch Paradies sich vor meinen Augen er- schließt. Das zarte Grün der Lärchen und Buchen, das Dunkel der Tannen und Fichten, dazwischen das reine Weiß der Birken- stämme, das weithin leuchtet, all das steht in einer solchen Pracht vor mir, daß ich ergriffen weit höher als in die Wipfel der Bäume schauen muß, um zu danken. Die gefiederten Sänger singen sich zu und werden nicht müde des Jubilierens. Das Bächlein, das sich durch den Wald schlängelt, über Steine und Wurzeln springt, es murmelt ganz leise, um die heilige Stille des Waldes nicht zu stö- ren. Dotterblumen spiegeln sich in seinem Wasser und geben ihm Grüße auf. Der Wind, der die ewige Melodie des Waldes mit sich trägt, er neckt sich mit den Wipfeln und erzählt den kleinen Blät- terkinder gar lustige Sachen. Die Tannen blühen und es ist, als wären vieltausend rote und braune Kerzen angesteckt. Schlüssel- blumen und Windröschen, sie waren die ersten Frühlingsboten und haben einen Blumenteppich gelegt, damit der Frühling im Walde seinen Einzug halten konnte. In meinem Frühlingsgarten blühen Tulpen, Narzissen, Stiefmütterchen und Primeln. Manch bunter Schmetterling kommt fleißig zum Stelldichein. Wollte ich

Dir von jeder Blume, die blüht, einen Gruß schicken, so müßte der Frühling selbst zu Dir ins Feld kommen. Die Bäume in meinem Garten stehen in voller Blüte. Wie die Braut an ihrem Hochzeitstage, so haben sie sich mit einem weißen Blütenschleier geschmückt. Über allem lacht und strahlt die Frühlingssonne.

Wenn Du lieber Freund bei mir wärest, dann würden wir beide früh morgens, wenn die Tautropfen noch glitzern und die Sonne ihre ersten Strahlen zu uns schickt, hinauswandern in die herrliche Natur. Du würdest mich dann besser verstehen. Wie ich eigentlich heute dazukomme, Dir diese Zeilen zu schreiben, ich weiß es selbst nicht. Mag es daher kommen, daß ich immer so alleine bin und dann wollte ich Dich teilhaben lassen an all dem Schönen, was sich im Überfluß vor meinen Augen ausbreitet. Wenn mir dies auch nur ganz wenig gelungen ist, dann soll es mich richtig freuen. Wenn Dich diese Zeilen erreichen, dann ist der erste Klee gemäht und manche Blume ist schon verblüht. Soweit sind wir beide auseinander.

Mögen Dich diese Zeilen bei bester Gesundheit und froher Laune erreichen und mögen all die Wünsche in Erfüllung gehen, die ich heute mit diesem Brief an Dich in den Briefkasten geworfen habe.

Ich grüße Dich lieber Franz, von der Heimat aus recht herzlich.

Mai 1942   Dein Freund Martin

122

Angenommen

Angenommen, es würde Jemanden geben,
der die Macht hätte,
mir aus meinem vergangenen Leben,
drei Tage zu gewähren,
diese noch einmal so zu empfangen,
wie ich sie einst erlebte,
wie sie zu Ende gegangen,
es müßte herrlich sein.
Doch, da fällt mir ein,
welche Tage es wohl wären
von denen,
die der Vergangenheit angehören.
Es wäre nicht leicht zu entscheiden,
es gab Tage der Kindheit,
der ungetrübten Freuden.
Tage des Lichtes, Tage der Sonne,
Tage des Glückes, der Liebe, der Wonne.
Tage, die die Erfüllung brachten,
die mich froh und glücklich machten.
Viele sind es, die kamen und gingen,
die strahlten und glänzten
und dann auf leisen Schwingen enteilten
in das Meer der Vergangenheit,
denn eine beinah erfüllte Zeit,
hat meinem Leben
so viele schöne Tage gegeben,
daß ich nicht ungerecht will sein.
Ich schließe daher alle schönen Tage
in meine Erinnerung ein
und denke dann und wann,
ganz zart und lieb daran,
ohne sie noch einmal erleben zu wollen,
denn so lang die Gegenwart

mich noch verwöhnt
und so lange sich mein Herz noch sehnt,
will ich nicht von früher träumen,
ich könnte darüber
einen neuen Tag des Glücks versäumen.

Ein Sommertag

Das war ein Sommertag,
so schön, daß ich nicht vermag,
darüber zu schreiben.

Die Sonne kam aus dem Osten
und ließ mich kosten,
den ganzen Tagesreigen.

Bis sie unterging
und eine Wolke Feuer fing,
war ich in Gottes Händen.

Denn soviel Sonnenschein,
soviel Glück allein,
kann Er nur spenden.

Im Wald

Eine Fee ist auf mich zugekommen,
Hat mich bei der Hand genommen
Und tief in den Wald hineingeführt.

Ich bin gerne mit ihr gegangen,
Denn ein großes Verlangen,
Habe ich in mir gespürt.

Nur ein ganz zartes Schleiergewand,
Ich an ihrem Feenkörper fand,
Sie war zauberhaft schön.

Mein Herz klopfte zum Zerspringen,
Ich hörte ein zartes Klingen,
Da blieb sie auf einmal steh'n.

Vor einem Stückchen Moos kniete sie nieder,
Sie duftete wie der Flieder
Und deutete mit ihrer Hand.

Mitten in dem satten Moos,
Ganz, ganz klein war es bloß,
Ein Marienkäferlein ich fand.

Es lag in einem Spinnennetz gefangen
Und schaute mit großem Bangen,
Woher sie wohl kommen werde

Die Spinne – und damit der Tod,
Für das Käferlein rot,
Auf dieser warmen Sommererde.

Ich habe das Käferlein befreit,
Auch die Spinne tat mir leid,
Denn ich mußte ihr Netz vernichten.

Doch dankbar ich empfand,
Während meine Fee wie Nebel verschwand,
Sie gab mir die Worte zum Dichten.

Herbstzeitlosen

Über Wiesen bin ich gegangen und habe dabei Blumen gefunden; wunderschöne blaßlila Blumen. Gestern ging ich den gleichen Weg, da waren sie noch nicht da und heute gleich so viele. Wer sie nur hierhergetragen und verstreut haben mag? Wäre nicht die Nacht dazwischen gekommen, ich wüßte dann, wer die Wiese so schön gemacht hat. Überhaupt beginnt nun ein Schmücken an allen Ecken und Enden und der Himmel verschenkt dazu sein tiefstes Blau. Sogar mein kleiner Weiher, den ich besonders liebgewonnen habe, ist auf einmal nicht mehr der alte und wie er sich freut, daß ich ihn so schön finde. Mir hat er ja immer schon gut gefallen, darum bin ich auch in meinen freien Stunden gar so oft zu ihm gekommen. Doch jetzt ist er schon ganz besonders schön. Als ich letztesmal bei ihm war, da merkte ich schon, daß mit ihm etwas sein müsse. Mir konnte er nichts vormachen. Ich habe ihm schon öfters als nur einmal bis auf den Grund geschaut. So geheimnisvoll tat er sonst nie, wenn ich kam und mich an sein Ufer setzte. Ich wollte es schon noch herausbringen; nun weiß ich es. Geschmückt hat er sich und dabei hätte ich ihn fast überrascht. Da und dort sind grüne Blätterinseln aufgetaucht, darinnen kleine Rosenkinder spielen. Ich kann ihnen bei ihrem Spiel nicht genug zuschauen und jede freie Minute verbringe ich nun an meinem Weiher. Wunderschön sind die Rosenkinder in ihren duftigen Kleidchen. Wenn einmal das große Floß nicht mehr fest angelegt ist, dann will ich mal ganz nahe an solch eine Insel kommen. Vielleicht kann ich dann so nah heran, daß ich den Kopf eines Rosenkindes streicheln kann. Ich wünsche es mir. So richtig verliebt bin ich in diesen kleinen Weiher mit seinen grünen Inseln. Die Regenbogenforellen halten sich zu gerne in der Nähe der spielenden Rosenkinder auf. Sie wollen sich groß machen, indem sie aus dem Wasser springen und gleich wieder untertauchen. Auch eine richtige Insel ist in dem Weiher; nicht groß, nur so, daß ein paar Bäume und Sträucher darauf wachsen können. Wenn ich an den heißen Sommertagen am Ufer saß und sann, dann überfiel mich oft der Wunsch, mit noch einem Menschen auf diesem Eiland zu sein. Zwölf weiße Schwäne sollten dann kommen und diese Insel der Glückseligen in ein Land entführen, wo das ganze Leben ein einziger Feiertag ist und der Lärm der Welt nie bis dahin dringt. Wünsche kamen und gingen wie die weißen Wolken, die über mich hinwegzogen und sich für kurze Zeit im Weiher spiegelten. Bäume stehen rund um den Weiher. Birken sind es mit ihren herzförmigen Blättern und Ahorne. Während auf den Wiesen die letzten Blumen kommen, hat hier das herbstliche Feuer schon manchen dieser Bäume erfaßt. Der Wind treibt die Flammen von Baum zu Baum und er ruht nicht eher, bis auch im kleinsten Strauch die gierigen Funken das Feuer entfachen. Ein einziges brennendes Blatt habe ich aufgehoben und mit nach Hause genommen. Je länger ich dieses Blatt betrachtete, desto mehr wurde mir zur Gewißheit, daß ich ein Menschenherz in meinen Händen hielt. Ich fand, daß dieses Herz zeitlebens viel Sonne empfangen hat. Die golddurchfluteten Stellen verrieten es mir. Wenn ich ganz nahe hinhorchte, dann vernahm ich sogar seinen Schlag. So geht also das Leben nach dem Tode doch weiter; ein einziges Blatt bestätigt mir das, woran ich immer schon glaubte. Ein kleines, unscheinbares Blatt, das all das aussagt, worüber sich die Menschen streiten. Man muß nur ganz sachte hinhorchen, um das größte Geheimnis zu ergründen. Man müßte nur, aber die Menschen machen es sich nicht leicht. Nun ja, sie werden es einmal erkennen, aber dann ist es zu spät, um es diesem Blatt gleichzutun, das nichts anderes tat, als sein ganzes Leben nur Sonne und Wärme in sich aufzunehmen. Herrlich ist es, wenn die Sonne in das Blättermeer der Ahorne taucht; ist es dann doch so, als rinne schwerer dunkelroter Wein harab, den ich nicht trinken kann.

In wenigen Minuten bin ich um den ganzen Weiher herumgegangen; so klein ist die Welt. Ich müßte eigentlich einmal des nachts hierhergehen um dabei zu sein, wenn der Mond seine goldenen Brücken baut und die Seerosen zu lieblichen Wassernixen werden und Reigen tanzen. Auf der kleinen Insel wollte ich mich dann verstecken, um nicht gesehen zu werden. Beim nächsten Mondenschein will ich daran denken. Es ist schön, wenn man etwas vorhat, worauf man sich freut. Ich bin neugierig, wo die Nixen ihre Kleidchen abstreifen, vielleicht kann ich so ein Kleidchen erhaschen und verstecken. Sie werden sich wohl im Schilf ausziehen und dahin kann ich nicht kommen. Wenn mir der Weiher helfen könnte, aber der muß ja die Augen zumachen und schlafen.

Nun muß ich aber weitergehen, um zu schauen, ob auf den Wiesen wirklich Blumen kommen. Ja, über die ganze Wiese sind sie verteilt. So weit ich gehe, grüßen mich die Blumen. Es tut mir leid, zu ihnen sagen zu müssen, ihr kommt zu spät, den ganzen Frühling und Sommer habt ihr verschlafen. Soll ich ihnen erzählen, wie sich die anderen Blumen freuten, wenn die Bienen zu ihnen kamen und die bunten Schmetterlinge süße Worte ihnen ins Ohr flüsterten. Und von den jauchzenden Menschenkindern, die an sonnigen Tagen in leichten Kleidchen auf die Wiese kamen und Ringelreihen spielten. Ich müßte sie fragen: „habt ihr schon einmal dem Gesang einer jubilierenden Lerche gelauscht?" Schaut, all das habt ihr versäumt. Wenn ihr am Morgen aufwacht, dann ist es nicht die Sonne, die euch anlacht, dann liegt überall dichter Nebel, der euch eingeschlossen hat. Herbststürme, die schwere Regenschauer vor sich hertreiben, brausen über euch hinweg, lassen euch kaum zu Atem kommen. Das habt ihr davon, weil ihr viel zu lange geschlafen habt.

Ein Schwarm Vögel rauscht über mich hinweg, sie ziehen nach dem Süden. Ich schaue ihnen lange nach.

Es ist Herbst, wo war ich denn mit meinen Gedanken? Man will es eben nicht wahrhaben, daß die sonnigen Tage ein Ende nehmen und man spricht mit den Herbstzeitlosen, die über Nacht gekommen sind, als wären es Frühlingsboten.

Feierabend

Schön ist es, hier am Fenster zu sitzen und sich von der Sonne anscheinen lassen, dem Spiel der Schwalben zuzuschauen und an nichts weiter denken zu müssen. Ich habe mir zwar ein Buch aufgeschlagen, da ich lesen wollte, doch dazu habe ich auch ein andermal Zeit. Heute will ich nur meine Augen umherwandern lassen und warten, was alles geschieht, bis die Sonne untergegangen ist und die Dämmerung über die kleinen Hügel geklettert ist. Ich kann warten, ich habe nichts zu versäumen, denn es ist Feierabend. Wer könnte mich um diese Stunde mehr beschenken, als dieses kleine Stückchen Erde und darüber der unendlich weite Himmel. Ein Stück Heimat ist es, das ich da sehe. Sind es auch nur alltägliche Dinge, die ich sehe, so haben sie mich nie mehr erfreut, als gerade jetzt, da ich hier sitze und mich freue. Auf dem Kirschbaum scheint allerhand los zu sein, ich glaube fast, daß dort die ersten Vorbereitungen für den großen Flug getroffen werden. Da lärmt und schreit es durcheinander und es ist ein Hin und Her, daß ich am liebsten selbst dort oben sitzen möchte, um zu hören, was es denn Wichtiges gibt und was sich die vielen Stare zu erzählen haben. Einige von ihnen scheinen ganz freche Kerle zu sein, sie haben sich gleich dem Manne, der im Gipfel hängt und der aus alten Stoffen und Resten gemacht ist, auf den Kopf gesetzt. Wenn das nur gut geht. Die Mücken tanzen in den Sonnenstrahlen auf und nieder. Ich denke mir dabei, daß es morgen schönes Wetter gibt, man sagt es wenigstens, wenn die Mücken tanzen. Die wenigen Wolken, die gleich kleinen Segeljachten auf dem blauen Himmelsmeer stilliegen, haben sich von der scheidenden Sonne ein bißchen Rot und ein wenig Gold erbeten und nun sind sie stolz, weil ich sie so schön finde. Könnte ich mich nur eine kurze Weile in solch eine Jacht setzen und mich dorthin treiben lassen, wohin es mir gerade beliebt. Ich hätte da droben viele alte Bekannte und Verwandte aufzusuchen und unzählige Grüße auszurichten. Ich wollte schon alles auf einen Zettel schreiben, damit ich ja nichts vergesse. Vielleicht geht der Wunsch bald in Erfüllung und ich sitze dann dort oben und finde meinen Fensterplatz leer und auch das Buch ist dann weggeräumt, das noch neben mir liegt und darin der Abendwind schon geblättert hat. Er sieht anscheinend die Bilder gerne. Er muß lange blättern, bis er alle Bilder angeschaut hat; so lange werde ich wohl nicht warten wollen. Aber nun habe ich zu weit gedacht und darüber den Untergang der Sonne versäumt. Sie ist schlafengegangen. Ich selbst denke noch lange nicht daran, ich will nur meine Joppe anziehen, weil es mir scheint, daß es etwas kühler geworden ist, seit die Sonne dort hinter dem dunklen Tannenwald sich von mir verabschiedet hat. Die Mücken sind auch verschwunden, so, als hätte sie die Sonne mitgenommen. Sie werden wohl die Kühle des Abends nicht gut vertragen können. Die Stare haben ihre Sitzung beendet und sind nach Hause geflogen und auch die kleinen Segeljachten haben sich forttreiben lassen.

Allmählich bricht die Dämmerung herein und bald wird nur noch das Zirpen der Grillen zu hören sein. Von irgendwoher höre ich das Dengeln einer Sense, mit der morgen der überreife Weizen geschnittten wird. Da, auf einmal ist der gute liebe Mond am Himmel und mit ihm der Mann, der immer schon die schwere Holzbürde auf seinem Rücken trägt. Jetzt warte ich nur noch auf die Sterne, die bald kommen müssen. Das erste Sternlein, das ich sehe, will ich an einen Menschen verschenken und mir dabei wünschen, daß er auch ein bißchen an mich denkt und fühlt, daß ich ihm jetzt ganz nahe bin.

Drüben in dem Haus am Waldrand wird bald das Licht angezündet werden, denn da muß es in der Stube schon ganz dunkel sein. Mir würde es in dem Haus mit dem kleinen Balkon sicherlich auch gefallen; immer das Rauschen des Waldes zu hören, den ganzen Tag über den Duft der Tannen und Fichten einzuatmen, das müßte schön sein. Ich möchte gerne einmal einen Blick in die Stube tun, denn da stelle ich es mir besonders traulich vor, gerade jetzt in der Dämmerung. Vielleicht sitzt gerade die Mutter am Bettchen ihres Kindes und erzählt dem vom Häslein, das zuviel des saftigen Klees genascht hat, oder vom braunen Eichkätzchen, das den ganzen Tag lang von Ast zu Ast und von Baum zu Baum gesprungen ist. Ich würde für die Kinder jeden Tag eine neue Geschichte erfinden. Nun ist drüben tatsächlich das Licht angezündet worden. Ja auch bei mir ist es schon ganz schön dunkel. Nun sind die Fledermäuse da und flattern durch die Dämmerung. Tagsüber haben sie ja keine Zeit. Und auch die Sterne am Himmel sind aufgegangen und gleich soviele auf einmal. Welches von den Sternchen soll ich nun verschenken? Am besten wird sein, ich warte noch ein Weilchen und dann verschenke ich gleich alle auf einmal.

Warum weinst du großer Clown

Soeben hattest du mich noch hoffend angeschaut, als ich zu dir davon sprach, wie schön es dann werden soll, wenn du wieder bei mir zu Hause bist. Ich wußte dir soviel zu erzählen, von allen möglichen Dingen fing ich an. Ich glaube, du hast insgeheim über mich gelacht, weil du mich so redselig gar nicht kennst. Um einen winzig kleinen Hoffnungsstrahl in deinen Augen mußte ich so viel lügen. Wie schämte ich mich deswegen. Du hast es wohl gemerkt und hast mich angelächelt, als wolltest du damit sagen, ich weiß doch alles viel besser als du. Du hast mich bei meinem Weggehen so fest angeschaut, als müßtest du dir meine Züge für immer einprägen. Ich habe mein Gesicht auch dann noch zu einem Lachen gezwungen, als ich schon die Türe hinter mir schloß. Ich wußte, daß dein Blick durch die Türe drang und mich so lange verfolgte, bis mein Schritt verhallt war. Während ich durch die nächtlichen Straßen ging, in denen die Lichtreklamen meinen Namen schrien, hast du schon vor dem großen schwarzen Tor gestanden, das sich gerade dann auftat, als du ängstlich geworden, wieder umkehren wolltest. Eine Fülle von Licht und Helle überschüttete dich und du bist dann den Weg weitergegangen, darauf die goldenen Strahlen der aufgehenden Sonne lagen. Wir beide sind zusammen ins Licht getreten und um uns beide war Musik. Ich habe, während tausend Augenpaare auf mich gerichtet waren und die Scheinwerfer ihren grellen Atem über mich ergossen, den großen Clown gespielt, den, der mit seinem Lachen täglich tausend Menschen bezaubert. Ich wurde noch nie so stürmisch gefeiert als an dem Abend, da mein Lachen in ein haltloses Weinen überging. Ich habe gelacht und geweint. Ein Clown der weint, welch eine Sensation. Angebote und Blumen habe ich dafür bekommen. Oh diese Menschen! Sie konnten es ja nicht wissen. Sie wußten es auch dann nicht, als ich dich ganz alleine zur Ruhe bettete. Als dich die Erde in ihre kühlen Arme nahm, da warst du schon längst den Weg gegangen, der dich an blühenden Wiesen vorbei ins Reich der Unsterblichen führte. Ich bin dann still nach Hause gegangen, kein Mensch hat mich erkannt. Ich habe dein Bild vor mich hingestellt und habe Zwiesprache mit dir gehalten. So Vieles fiel mir dabei ein, was ich dir noch alles hätte sagen müssen. Daß ich draußen vor der Stadt ein verwunschenes Märchenhaus entdeckt und für dich gekauft habe, daß sich unsere Nachbarn nur morgens und abends einstellen; dann, wenn sie aus dem Walde heraustreten, um auf dem Kleeacker zu äsen. Vielleicht, daß sie im Winter bis an unsere Haustüre kommen. Ich stelle mir das so schön vor, wenn du dich dann mit einem Bündel Heu auf die Stufen stellst und die Rehe dir dann aus deiner kleinen Hand fressen, während ich am Fenster stehe und euch zusehe. Siehst du, nun lachst du und kannst es selbst kaum erwarten, bis wir dieses Märchenhaus aus seinem Dornröschenschlaf erwecken. An den Abenden, da ich dich dann allein lassen muß, wirst du dann kleine, herzliebste Sachen stricken, denn ich habe es dir ja noch nicht verraten, wie ich mich nach einem Kind sehne. Du wirst mir diesen Wunsch gerne erfüllen. Sollten wir nicht heute schon die Namen aussuchen? Du meinst, das eilt nicht so. Aber schau, wie schnell wird die Zeit um sein. Ich will dann gleich morgen eine Wiege bestellen. Ich will solch eine haben, wie sie bei dir zu Hause auf dem Dachboden stand, mit vielen Engeln und Blumen darauf gemalt. Ich kenne einen Meister, der sie so machen wird, wie ich sie mir denke. Am liebsten würde ich gleich zu ihm gehen, aber jetzt will ich von dir nicht weggehen, wo wir uns noch so viel zu sagen haben. Was für Augen unser Kind wohl haben wird? Wenn ein Mädchen kommt, dann wird es wohl die dunklen Augen von mir haben und ein Junge, der wird mit deinen blauen Augen aus der Wiege lachen. Du lächelst immer nur, sagst kein Wort zu alledem. Ja ich weiß, du bist wie alle Frauen. Du hast deine Freude gleich einem heiligen Empfinden in dir. Du tust diese große Freude nicht in Worten kund. Nur deine Augen spiegeln wider, was sich in deinem Herzen regt. Du horchst stündlich in dich hinein, gibst der Stimme Antwort, die ich erst dann vernehmen werde, wenn sie unseren Sommergast ankündigt. Ich will morgen schon Rosen in unseren Garten pflanzen, damit sie auch zur rechten Zeit erblühen. Du hast sie doch so gerne. Das wollte ich dir noch sagen. Weißt du auch, daß wir schon einmal darüber sprachen? Es war, als ich mein erstes Engagement in der Tasche und damit auch schon den Kopf voller Pläne und Wünsche hatte. Wir sind damals bis tief in die Nacht hinein beisammen gesessen, haben uns bei den Händen gehalten und haben nichts weiter getan, als auf den Mond gewartet, der bald aufgehen mußte. Du bist dann in meinen Armen eingeschlafen und ich mußte recht artig sitzenbleiben, um dich nicht aufzuwecken. Mit dem Haus wurde es vorerst noch nichts. Wir mußten vielmehr schauen, daß wir die Miete für unsere zwei Zimmer aufbrachten. Seit damals habe ich zu dir nicht mehr von meinen Wünschen gesprochen, obwohl ich sie jeden Tag im Herzen trug. Ich wollte dich heute damit überraschen. Heute brachte mir die Post den Kaufvertrag und ein Bild von unserem Märchenhaus. Schau es dir an. Hier auf dem Balkon wollen wir dann im Sommer die Wiege stellen, sie wird den ganzen Tag in der Sonne stehen. Und dort auf den Stufen wirst du stehen und die Rehe füttern. Wenn du mich erwartest, dann wirst du an diesem Fenster sitzen, denn von hier aus kannst du mir weit über die Wiesen hinweg entgegensehen, und dorthin werde ich morgen die Rosenstöcke setzen. Den Kaufvertrag möchtest du noch gerne sehen, möchtest wissen, ob ich verschwenderisch bin. Ja, das bin ich wohl. Lasse es nur gut sein. Ich lache doch jeden Abend und jedes Lachen bringt mir Geld. Du warst es doch, die immer und trotz aller Sorgen, lachend neben mir herging. Du hast mich das Lachen gelehrt und darum darf ich doch für dich verschwenderisch sein. Entschuldige, jetzt ist mir eine Träne auf dein Bild gefallen. Wie kann man nur weinen, wo soviel Glück um uns verstreut ist. Du weißt es ja warum und die Menschen fragen nicht nach meinem Herzen. Sie sehen nicht, wie es sich allabendlich zusammenkrampft, sie sehen nur die Runen, die die Tränen in die Schminke zeichnen – und die wollen sie sehen. Ich muß jetzt lachen und weinen; die Menschen verlangen danach seit ich es einmal tat, bin ich doch der große Clown. Ich muß, weil ich noch viel Geld verdienen will, um auch das große Stück Land zu kaufen, über das hinweg du vom Fenster aus mir entgegen gesehen hättest.

„Berry"

Heute habe ich keine Lust zu schreiben,
denn ich bin etwas traurig gestimmt,
ich weiß, es wird nicht lange so bleiben,
denn auch diese Zeit verrinnt.

Sie verrinnt, wie alle Stunden,
die vergangen sind seither,
die ich als glücklich hab empfunden
und die, die mich bedrückten schwer.

Einen Freund hab ich begraben,
der mir soviel bedeutet hat,
er war mein Bester, ich darf es sagen,
es war meine letzte Liebestat,

für all das, was er mir gegeben,
in all den Jahren da wir zu zweit
marschierten durch das Leben,
gemeinsam trugen Freud und Leid.

Wir haben uns so gut verstanden,
oft genügte nur ein Blick,
er und ich, ja wir empfanden,
diese Freundschaft als ein großes Glück.

Stundenlang sind wir gegangen,
durch den Dom in der Natur,
sahen die ersten Blümlein prangen,
sahen im Schnee so manche Spur.

Wenn der Regen klopfte an die Scheiben,
wenn der Sturm noch so wild erklang,
wir konnten nicht zu Hause bleiben,
weil es uns nach draußen zwang.

Wind und Wetter trotzten wir Beide,
die Sonne schien uns in's Gesicht,
an Schnee und Eis hatten wir unsere Freude,
Blitz und Donner störte uns nicht.

Über Gräben sind wir gesprungen,
er, viel eleganter als wie ich,
zu meiner Musik hat er gesungen,
ehrlich gesagt, es klang fürchterlich.

Ich wollte es ihm nicht sagen,
daß sein Gesang mir nicht gefiel,
ich wollte ihn auch nicht fragen,
ob es läge an meinem Spiel.

Auf einer Mundharmonika zu musizieren,
wäre eigentlich keine Kunst,
doch von den Noten und vom Tremulieren,
hatte ich leider keinen Dunst.

Zu tiefst müßte ich mich bedanken,
für alles, was er mir gab,
es war eine Freundschaft ohne Schranken,
ein Miteinander bis zum Grab.

Von seiner Treue muß ich sagen,
daß sie unumstößlich war,
wie das Blau des Himmels an Sonnentagen,
wie eine Quelle, rein und klar.

Wenn ich in seine Augen schaute,
dann sah ich bis auf den Grund,
so, daß ich mich kaum fragen traute,
bist Du wirklich nur mein Hund?

Seine Leine und sein Halsband,
die Steuermarke vom alten Jahr,
ließ er zurück als Liebespfand,
ist das nicht wunderbar?

Wenn ich nun spazieren geh,
die alten Wege kreuz und quer,
dann tut mir das Herz so weh,
denn er geht nicht mehr nebenher.

Ich werde vergeblich warten,
daß seine feuchte Schnauze mich berührt,
von all seinen Liebesarten,
habe ich am liebsten dies gespürt.

An seinem Wedeln konnte ich erkennen,
was er wollte, was ihn bedrückt,
wenn seine Ohren flogen beim Rennen,
dann war er immer hoch beglückt.

Die Erinnerung wird bleiben
und aus einem ganz gewissen Grund,
kann ich froh und ehrlich schreiben:
„Er war mehr, als nur mein Hund."

Der Knopfmacher

Der alte Kahn, von der Sonne und vom Regen gezeichnet, er hat es in sich. Verwittert wie er ist, lohnt es sich nicht mehr ihn neu herzurichten oder nach Hause zu schaffen. Und so verbringt er eben seine Greisenjahre da, wo er sich immer schon zu sterben wünschte, an seinem Fluß. So wie man ihn vor Jahren ans Land zog und dahin brachte, wo ihm kein Wellengang mehr was anhaben kann, ist er liegen geblieben und vergessen worden. Nur an seinem Heck können sich die kleinen Wellen brechen, deren Berührung nur ein Streicheln ist, so klein sind sie und werden auch dann nicht viel größer, wenn der große Strom nebenan, mächtig an ihm vorbei rauscht. Moos und Schlingpflanzen haben ihn in den Jahren seines Träumens geschmückt, als gelte es, ihn zu seiner Jungfernfahrt herzurichten. Er hat diesen Tag noch gut in Erinnerung und ist auch der Name am Bug vorn schon längst verblichen und ausgewaschen, so könnte er jedem Menschen noch erzählen, daß er im Jahre 1882 auf den Namen „Dorothea" getauft wurde. Dorothea hieß nämlich die junge Frau, die sich der Fischer ins Haus nahm und viele lange Jahre mit ihr glücklich war. Er weiß auch noch, daß die junge Frau damals zu ihrem Mann sagte: „Was tust du bloß mit solch einem großen Kahn?" Nun muß er aber so fest lachen, daß ihm gleich ein großes Stück Teer ausbricht, wenn er an die vielen Kinder denkt, die so nach und nach gekommen sind. Freud und Leid der Menschen hat er kennengelernt, und hat er auch nicht trösten können, so hat er doch mitgefühlt, als wäre es sein eigenes Ich. Die vielen Risse und Spalten sind nicht nur von der Sonne und dem Regen, sie sind auch von den Schmerzen und Leiden der Menschen, zu denen er gehörte. Und wer sähe es dem alten Kahn an, um welche Geschichten und Märchen er weiß. Waren es tagsüber die Menschen, die in seinen hölzernen Leib Worte der Freude und des Leidens schnitzten, so kamen im Dunkel der Nacht und beim Mondenschein die Wassernixen und sie erzählten ihm schon längst vergessene Märchen und Sagen. Der Wind, der von den Höhen herunter kommt und die

Wolken, die über verfallene Burgen ziehen, sie haben ihm aus der Zeit erzählt, da noch fahrende Sänger in den weiten Hallen ihre Lieder zur Harfe sangen und um das offene Feuer Ritter und Edelfräulein saßen.

Ganz zufällig bin ich an den Kahn gekommen und weil ich des Wanderns müde war, habe ich in ihm Platz genommen. Nach den vielen Stunden, da ich unterwegs war und von den Höhen des Donautales aus in die sonntägliche Welt schaute, lud mich dieser alte Kahn geradezu ein, einwenig bei ihm zu verweilen. Ich habe es gerne getan, fand ich es doch schön, in ihm zu liegen und träumend da hinauf zu schauen, von dorten ich kam. Dabei muß ich wohl eingeschlafen sein und geträumt haben; denn woher wüßte ich sonst die Sage von dem Knopfmacher und dem Hardtfräulein.

Es soll einmal vor langen, langen Jahren ein junger Mensch gewesen sein, der den ehrsamen Beruf eines Knopfmachers erlernt hatte. Weil er die Welt kennenlernen wollte, packte er sein Ränzel und zog eines schönen Tages lustig singend und pfeifend zum heimatlichen Tor hinaus. Die Torwache hatte nicht viel zu kontrollieren, denn außer seinem Handwerkszeug und einer Wegzehrung, trug er nur noch ein fröhliches Herz und einen immerfrohen Mut mit sich. Seine Knöpfe, die er machte, waren bekannt und begehrt und so war es ihm nicht bange, sich auch in einer fremden Gegend mit seiner Kunst sein Brot zu verdienen. Ein wenig Geld hatte er sich für die Wanderschaft zurückgelegt und darum war es nicht weiter verwunderlich, daß er allweil guter Dinge war und jedem Menschen, der ihm begegnete, ein lachendes Gesicht zeigte. Manch Städtchen hätte es gerne gesehen, wenn er nach der kurzen Probe seines Könnens, geblieben wäre, denn nach solch herrlichen Knöpfen, die er machte, war die Nachfrage immer sehr groß. Er aber zog immer wieder weiter; noch hatte er das nicht gefunden, nach dem er suchte; bis er einmal zum Sonnenuntergang dort oben stand, wo ich kurz zuvor war und ihm das Donautal zu Füßen lag. Da wußte er, daß es ihn nie mehr loslassen würde. Er verglich es mit einem verwunschenen Stück Welt, suchte nach Worten, mit denen er seiner Freude Ausdruck verleihen konnte und fand, daß er hier nicht sprechen, sondern nur schauen könne.

Wie konnte die Welt nur so schön sein! Und da ist er dann ins Tal hinabgestiegen und ist in dem Städtchen eingekehrt, das ihn fortan beherbergen sollte.

Gar bald haben sich die Leute des ganzen Donautales und darüber hinaus, vom Knopfmacher und seinen einzigartig schönen Knöpfen erzählt. Ja, auch er selbst fand, daß er noch nie schönere Knöpfe gemacht habe, als von dem Tage an, da er in das Städtchen kam. Die Glocke an seiner Ladentüre bimmelte den ganzen Tag und so war es nicht verwunderlich, daß der Künstler, wie ihn die Leute hier nannten, eines Tages seinen Sonntagsspaziergang nicht mehr zu Fuß machte, sondern hoch zu Roß ausritt. Ein stattlicher junger Mann, dem die Stadtschönen gerne nachschauten, während er zu allen gleich freundlich war und keine sich rühmen konnte, ihm mehr zu bedeuten, als all die anderen. Bis es anders kam.

Das war, als er sonntags einmal über der Arbeit saß und er beim Aufblicken eines Mädchens gewahr wurde, die sein flinkes Tun schon längere Zeit beobachtet haben mußte. Er konnte sich nicht erklären, wie das Mädchen ins Haus gekommen ist, zumal er die Haustüre selbst abgeschlossen hatte und er sich auch nicht an ein Bimmeln der Ladenglocke erinnern konnte. Schon wollte er eine Frage tun, da richtete das Mädchen seine himmelblauen Augen auf ihn und lächelte ihn an. Damit war es um ihn geschehen. Bei soviel Schönheit, die ihm gegenüber stand, vergaß er nach dem geheimnisvollen Eindringen zu fragen. Ja, er wußte hernach nicht einmal mehr, wieviel Knöpfe das Fräulein bis zum nächsten Sonntag bestellt hatte. Er schalt sich töricht, daß er nicht eine Silbe zu ihr gesprochen hatte. Er, der nie um ein Wort verlegen war. Er wußte nur, daß sie wiederkommt, um das Bestellte abzuholen. Er hatte sie nicht einmal nach dem Namen gefragt und so nannte er sie einfach seine Sonnenfee, weil sie so zauberhaft schön war und mit ihr soviel Licht und Sonne ins Haus gekommen ist. Da kam ihm auch der Gedanke, mit der bestellten Arbeit bis zum nächsten Sonntag nicht fertig zu werden, um so seine Sonnenfee noch einmal herbitten zu müssen. Als nun der nächste Sonntag kam, da gab er seiner Hausfrau den Auftrag, das Fräulein in die gute Stube zu führen und sie zu bitten Platz zu nehmen. Er selbst zog seinen besten Rock an und band sich seine schönste Halsbinde um. Er wartete in seiner Werkstatt, bis die Hausfrau kam, um ihm den Besuch zu melden. Diesesmal galt es für ihn, ein paar Herzschläge lang sich zu sammeln, ehe er dem Fräulein gegenüber trat. Er wollte unbedingt nach ihrem Namen und nach dem Woher fragen. Und so kam es auch. Als er dann sein Bedauern darüber aussprach, daß er sie noch einmal herbitten müsse, da er ihren Auftrag erstens wegen der vielen Arbeit und zweitens aus dem einen Grunde, daß er versucht habe, diese Knöpfe mit einer besonderen Verzierung zu versehen, nicht fertig gebracht habe, da wurde ihm die Antwort zuteil, daß sie sich das bereits gedacht habe, daß bei solch einem berühmten und tüchtigen Meister die Ausführung ihres kleinen Auftrages sich verzögern würde, zumal sein Name bis weit über das Tal hinaus einen guten Klang habe und die Bestellungen sicherlich von überall her kämen. Im Übrigen würde sie ganz gerne noch einmal herunter kommen. Dabei vergaß sie nicht, ihn mit ihren tiefblauen Augen eindringlich anzuschauen. Der gute Knopfmacher wußte nicht mehr wo aus und wo ein vor Freude, als das Fräulein, indem sie ihm die Hand zum Kusse reichte, noch einmal versicherte, er brauche sich deswegen, daß ihre Knöpfe nicht fertig gewesen seien, keine Vorwürfe zu machen, es sei ihr nicht unlieb, noch einmal kommen zu müssen. Das war zuviel des Glücks für ihn. Hatte sie ihm auch nicht wörtlich gesagt, daß er ihr nicht ganz gleichgültig sei, so glaubte er doch die Zustimmung für seine Annahme aus ihren Augen gelesen zu haben. Wenn er daran dachte, was aus ihnen beiden vielleicht noch werden könnte, dann ertappte er sich dabei, daß er sie schon in seinem Häuschen, das er für sie zu bauen gedachte, als seine liebe Frau schalten und walten sah. Ein großer Garten muß ums Haus sein, darin dann später einmal die Kinder – nicht so weit denken lieber Knopfmacher. Mit solchen Gedanken beschäftigte sich der Knopfmacher. Als dann wieder der Tag des Glückes kam, lagen zwölf sauber gemachte und kunstvoll verzierte Knöpfe bereit, dem Fräulein zu gefallen. Und wie sie gefielen. Das Fräulein konnte sie nicht genug bewundern und sie wußte immer neue anerkennende Worte für den, der sie gemacht hatte. Es waren auch wahre Kunstwerke, was er da liegen hatte, und das Fräulein wußte wohl, daß da noch etwas anderes als nur seine Tüchtigkeit mitgeholfen hatte und der Blick, dem sie ihm nun schenkte, sagte all das, worauf er so sehnsüchtig wartete. Als sich das Fräulein verabschiedete, nicht ohne vorher so nebenbei bemerkt zu haben, daß sie immer so alleine sei, da hat an diesem Tage für keinen Menschen die Sonne schöner geschienen, als für den Knopfmacher, der all seine stillen Wünsche schon erfüllt sah.

Bald sprach man in dem Städtchen von dem hohen Besuch, den man schon ein paarmal in das Haus des Knopfmachers eintreten sah. Daß es sich dabei um ein Burgfräulein handeln müsse, war gewiß, denn solch ein liebes Wesen konnte nur von dorten kommen, wo die Burgen und Schlösser auf den nackten Felsen stehen und dem Himmel viel näher sind. Es dauerte nicht mehr lange, da mußte der Knopfmacher einen Gesellen beschäftigen, denn erstens wollten die Aufträge kein Ende nehmen und zweitens sagte er sich, habe ich solch eine große Sehnsucht nach dem Menschen, der mir sagte, daß er immer alleine sei. Und so kam es, daß er einmal mitten in der Woche sein Pferd sattelte und durch die holprigen Straßen des Städtchens ritt. Draußen meinte er dann zu seinem braven Schimmel: „Nun alter Freund, du weißt wie schrecklich lieb ich das Fräulein habe. Ich habe es dir doch schon so oft gesagt. Wenn ich nur wüßte, wo sie zu treffen ist. Ich weiß wohl, daß sie einmal sagte, sie käme von der Höhe oben. Links und rechts der Donau sind Höhen mit Burgen und Schlössern. Wohin soll ich mich nun wenden?" Das gute Pferd wieherte, als habe es verstanden und setzte sich in Trab. Als es an eine Wegkreuzung kam, da wählte es den dritten Weg, der sich bald im Dickicht des Waldes ganz verlor. Na, du mußt es ja wissen, sagte der Knopfmacher und fügte sich seinem Willen. Und o Freude, auf einmal steht doch das Fräulein vor ihnen und lächelt den Knopfmacher an, als warte sie bereits auf ihn. So schön und liebreizend ist sie, daß selbst das Herz des braven Schimmels schneller schlägt. Daß ihn sein Herr nun anbindet und alleine läßt, das kann er gut verstehen. Gerne wäre er schon dabeigewesen und hätte gewußt, was sein Herr tut. Aber er wird es auch so noch früh genug erfahren. Und richtig, als es wieder heimwärts ging, da wußte er es bald, daß er morgen seinen Herrn bis ganz zu den schroffen Felsen hinauftragen müsse, denn dort oben will das Fräulein ihr Jawort geben. Dort oben, wo sie zu Hause ist. Wie freut sich da der Schimmel, als ihm am nächsten Tage sein Herr verriet, daß er auf

dem Heimweg recht artig und sittsam gehen müsse, denn da wird er wohl die angehende Frau Knopfmacherin nach Hause tragen müssen.

Und wie die beiden nun immer höher und höher steigen, so hoch, wo nur noch Steine und Felsen sind, da sehen sie ganz oben den Menschen stehen, der sie beide erwartet. Welch große Freude wird in wenigen Minuten zwischen Himmel und Erde sein. Viel zu lange dauert es dem Knopfmacher, bis er sein Lieb in seinen Armen hält. Jetzt sind es nur noch einige Meter, die ihn von ihr trennen. Da sieht er, daß er wieder ein Stück zurückreiten müsse, um die nicht sehr breite Schlucht zu überspringen, die ihn von der lichten Gestalt, die ihm noch nie so schön vorkam, als gerade jetzt, da sie im Schein der untergehenden Sonne steht und ihre Arme verlangend nach ihm ausstreckt, trennt. Er verhält noch einmal und läßt seine Blicke über die Weite des Tales gehen; so wie damals, als er zum erstenmal hier oben stand und sich bewußt war, daß er diesem verwunschenen Land für immer verfallen sei. Dann schaute er in zwei himmelblaue Augen, die bettelnd blickten, als wollten sie sagen, so komm doch! Dann gibt er seinem braven Schimmel die Sporen und wie dieser nach einem wuchtigen Anlauf zum Sprunge ansetzt, da wird die Schlucht, die er überspringen wollte, immer breiter und breiter und im Fallen sieht der Knopfmacher, daß er mit seinem Schimmel das ganze Donautal überspringen wollte.

Als man ihn und sein Pferd am nächsten Tage tot findet, da wissen alle davon zu erzählen, daß es das böse Hardtfräulein war, das den immer fröhlichen Knopfmacher in den Tod geführt hat.

Ich liege immer noch im alten Fischerkahn, der mit Sagen und Geschichten voll beladen ist. Wenn ich morgen den Knopfmacherfelsen besteige, dann will ich mich wohl in acht nehmen, denn wer weiß, ob ich nicht auch den himmelblauen Augen des Hardtfräuleins verfallen würde, sollte ich ihm begegnen.

Am ganz gleichen Platz

Als ich das letztemal da war,
blühte der Hollunderstrauch,
der Himmel war genauso klar,
wie am heutigen Tage auch.

Das Getreide stand aufrecht
und ließ sich wiegen vom Wind,
so gerne man sie aufhalten möcht
die Zeit, sie verrinnt.

Heute ist der Strauch voller Beeren,
sie sind allerdings noch grün,
doch ganz sachte ist schon zu hören,
ein leiser Herbstbeginn.

Die Frucht neigt sich zur Erde
und wartet auf den Schnitt,
daß sie sich reich erfüllen werde
bis zum Brot, sei meine Bitt.

Bald werden die Beeren schwarz sein,
dann sind auch die Felder leer,
dann erreicht mich der Sonnenschein
an der gleichen Stelle nicht mehr.

Dann bleibt er hinter den Tannen, den großen
und auf dem Fleck, wo ich heute saß,
stehen die ersten Herbstzeitlosen
und die Luft ist durchsichtig wie Glas.

Unser Waldsee

Nur der Mond und ein einziger Stern standen am Himmel. Sie hielten wohl Freundschaft, weil sie so nahe beisammen waren, oder es hatte sich das Sternlein verirrt und wollte nun vom guten Hirten Mond, nach Hause geleitet werden. Die Sonne kam aus dem Osten und färbte die wenigen Wolken, die sie begleiteten, blutrot. Verschwenderisch streute sie da und dort Gold in die leuchtenden Wolken. Ein herrliches Bild. Der Nebel lag dicht und als ich auf eine der Höhen kam, die mein Städtchen umschließen, da glaubte ich, mein Städtchen schwimme in einem See und viele kleine Inseln liegen darinnen. Ein Morgenanblick, der mich glücklich machte. Nun verstehe ich auch, warum mir so seltsame Gedanken kamen, warum das, was ich längst vergessen glaubte, wieder in meinem Gedächtnis erstand. Ich habe beim Anblick dieser Geschenke meine Gedanken weit zurückgeschickt, habe mir die Vergangenheit gewünscht. Einen einzigen Tag aus der Vergangenheit habe ich in Gedanken noch einmal erlebt.

Es war auch so ein schöner Spätsommertag. Damals habe ich einen Menschen geliebt, bin mit ihm in den herrlichen Tag hineingewandert, habe vom Glück gekostet, bis ich gesättigt war. An einen kleinen See sind wir gegangen. Es war wohl nur ein Weiher, doch wir nannten ihn „unseren See". Still und friedlich lag er da, inmitten des Waldes. Behütet von den Bäumen, den menschlichen Blicken entzogen. Wir haben Steine hineingeworfen und freuten uns, wenn kleine und große Ringe von uns davoneilten. Wir lachten über unsere komischen Spiegelbilder, wenn sie inmitten dieser Kreise erschienen. Frösche sprangen in den Weiher, wenn wir ihnen zu nahe kamen und das Schilf bewegte sich von den Fischen, die bei ihrem Spiel daran streiften. Tannen und Föhren spiegelten sich im Wasser. Wir legten uns auf dunkles, sattes Moos und schauten in den Himmel. Wir sprachen nicht viele Worte, nur unsere Hände berührten sich ab und zu. Wir atmeten Harz- und Tannenduft, eine sommerlich warme Luft versuchte uns zu betäuben. Unsere Herzen wurden so weit. Wir sprachen von später, von Kindern, die wir uns einmal schenken wollten. Wir freuten uns auf die kommende Zeit und bauten Schlösser, darinnen wir einmal wohnen wollten. Die Natur ringsum und das Blau des Himmels über uns, sie ließen uns vieles versprechen und himmelhohe Leitern ersteigen. Unser See war ganz ruhig, spiegelglatt lag er da. Er bewegte sich nicht, damit er uns ja nicht störte. Er wußte um unsere Wünsche. Die Sonne neigte sich schon gegen Westen, wir lagen immer noch im Moose. Glückliche Menschen, die nur die Hände auszustrecken brauchten, um das Glück zu empfangen. Wäre der See ein Glückswasser gewesen, wir hät-

ten ihn schon längst ausgetrunken, so tranken wir Küsse und Worte von unseren Lippen. Hier gehörten wir zusammen, der Wald sang uns ein Hochzeitslied. Auf unserem See schwammen Rosen; sie trieben zu uns her und ich verschenkte sie. Meine Braut hatte ihr Hochzeitskleid angetan. Weiß schimmernd wie Elfenbein, doch ich weiß es nicht mehr, ist es ein Schleier oder ist es ihre weiße Haut gewesen, was mich so glücklich machte. Hätten Stufen in den Himmel gereicht, hätte ich ihr das schönste Stück Blau heruntergeholt; vielleicht nur deshalb, um sie warm einzuhüllen, da nun ein leichter Wind unser Wasser kräuselte. Wir mußten daran denken, von hier Abschied zu nehmen. Die Sonne schickte uns ihre Strahlen nun schon weit von Westen und sie trafen uns nicht mehr so, wie Stunden zuvor. Wir gingen Hand in Hand noch einmal um unseren See herum; nahmen Abschied von allem was wir sahen, versprachen wiederzukommen. Wir suchten nach unserem Moosplätzchen und fanden es viel zu klein für zwei Menschen. Kosend strichen unsere Hände darüber hinweg. Wir beide hatten die gleichen Gedanken, doch kein Wort verriet unser Geheimnis, nur eine Träne fiel auf meine Hand und sprach davon. Ich bettete sie ins Moos und da lag sie nun als ein glitzernder Edelstein. Ja, sie war viel mehr als nur ein Edelstein. Sie verriet mir, was der Mund nicht sprach. Ich mußte wohl darandenken, ein Schloß zu bauen. Ich baute auch, Tag für Tag setzte ich Stein auf Stein. Dazwischen hielt ich in meiner Arbeit inne, um einen Edelstein zu suchen, der im Moose lag. All meine große Liebe gab ich dem Bau, es sollte ja ein Haus für zwei werden. Mit einem Garten und einem kleinen Weiher, darin Seerosen schwimmen und blühen sollten. Es kam ganz anderst, als ich mir in meinen Träumen dachte. Ich ging wohl noch an unseren See, warf auch Steine hinein; freute mich an den herrlichen Seerosen, doch wenn ich auf den Grund schaute, dann sah ich nur ein Gesicht und dieses war sehr ernst geworden.

Und doch freue ich mich, daß ich heute gerade dieses Blatt aus meiner Erinnerung herausgenommen habe, es paßt zu meinem glücklichen Herzen. Wenn ich den Schluß nicht lese, dann bin ich ganz glücklich und ein Edelstein leuchtet irgendwo im Moose.

Mein Lebensbuch

Mein Lebensbuch hat viele Seiten,
jede Seite ist ein Tag,
es erzählt von Schmerz und Freuden,
von der Wiege bis zum Grab.

Alles, was darin geschrieben,
ist vergangen, ist vorbei,
nur die Erinnerung ist geblieben,
meine Seele, sie ist frei.

In den vielen Millionen Jahren,
die vergangen sind seither,
wo die Sterne am Himmel waren,
mächtig rauschte das tiefe Meer,

war ein Tag, da ich geboren
in einem kleinen Kämmerlein,
wo sich das Dunkel um mich verloren,
ins Zimmer kam der Morgenschein.

Mit dem Morgen kam die Sonne,
kam das Jubilieren weit und breit,
eitel Freude, Lust und Wonne
und, es kam die Zeit.

Die Zeit mit ihren Stunden,
die man niemals holt zurück,
ob erfüllt von Schmerz und Wunden,
ob erfüllt von Lieb und Glück.

Wenn eine Seite voll geschrieben,
wenn der Tag zu Ende ist,
dann erst weiß man was geblieben,
von dieser kurzen Spanne Frist.

O! Wie vergehet doch geschwinde
ein Tag, der voller Sonnenschein,
wenn die Maienluft die linde,
sich schmeichelt in das Herz hinein.

Wie wenig Seiten gibt's von diesen,
da der Frühling hell erwacht,
wo die Blumen üppig sprießen,
wo so eigen ist die Nacht.

Auch das Leid, es ist nicht immer,
denn es kommt zum rechten Augenblick,
von irgendwo ein heller Schimmer,
gleich am Regenhimmel ein blaues Stück.

So ist nun mal das Leben,
es wird auch nie anders sein,
ein Empfangen und ein Geben,
am Anfang und am Ende ganz allein.

Ach, wie möchte man doch so gerne,
und wer wäre dazu nicht bereit,
zurückholen aus der Ferne,
einen Tag aus der Vergangenheit.

Einen Tag, da die Linden blühten,
ihren Duft verschwendeten ringsumher,
wo die Mohnblumen im Kornfeld glühten,
der Himmel war ein blaues Meer.

Den Tag, da ich versäumte,
was so greifbar nah mir lag,
wo sich erfüllen sollte, was ich erträumte,
und von allem blieb nur die eine Frag:

Warum mußte der Tag so enden,
er hätte können viel schöner sein,
warum ließ ich Dich mit leeren Händen
gehen, ganz allein?

Ihn nochmals so empfangen,
so wie er damals war,
diesmal bliebe kein Verlangen
und alles wäre wunderbar.

Doch die Zeit mit ihren Stunden,
die holt kein Mensch zurück,
im Herzen bleiben Schmerz und Wunden,
in der Erinnerung bleiben Lieb und Glück.

Der Schmetterling,
der vom Frühling träumte

Es war einmal ein bunter Schmetterling, der in seinem kleinen Herzen ein großes Erlebnis hatte.

Der Monat Oktober brachte viel Regen und wenig Sonne. Da entschloß sich der Schmetterling, sich um ein warmes Plätzchen umzuschauen, wo er so lange schlafen und vom Frühling träumen kann, bis ihn die warmen Frühlingssonnenstrahlen wieder wekken. In dem Forsthaus, das der Schmetterlingswiese am nächsten lag, hoffte er einen passenden Unterschlupf zu finden. Ohne groß zu fragen, durchgaukelte er eines Tages das ganze Forsthaus. Zu seinem Glück war außer der kleinen Gabriele, die dem bunten Schmetterling von ihrem Stubenwagen aus mit großen Augen nachschaute, niemand im Haus; sonst wäre er wohl nicht bis in den Speicher hinaufgekommen. Dort oben suchte er so lange, bis ihm endlich eine Ritze im Kamin als Winterschlafplatz zusagte. In diese Ritze verkroch sich die Wärme vom ersten Buchenscheit an und blieb bis weit in den Frühling hinein. Ein schöneres Plätzchen konnte sich der Schmetterling nicht wünschen, kamen doch dann und wann ein paar Sonnenstrahlen, um ihn von draußen zu grüßen. Nachdem der Schmetterling noch einmal an das geschlossene Dachbodenfenster geflogen war und von der Natur Abschied genommen hatte, verkroch er sich in die Ritze und gar bald umgaukelten ihn die Bilder des Schlafes.

Während draußen die ersten Schneeflocken leise zur Erde tanzten, träumte der Schmetterling von Blüten, Blumen und von seinem kleinen Maßliebchen, in das er sich unsterblich verliebt hatte.

Es war der 24. Dezember. Während der Schmetterling immer noch seinen Frühlingstraum träumte, schien draußen die Sonne ungewöhnlich warm. Die Sonnenstrahlen hatten ihren Spaß daran, die Flügel des Schmetterlings ganz zart zu streicheln. Sie taten dies solange, bis der kleine Langschläfer ganz sachte vom Traum in die Wirklichkeit kam. Nachdem er sich das Restchen

Winterschlaf aus den Augen gerieben und sich ein paarmal kräftig gestreckt hatte, ließ er sich von den Sonnenstrahlen an das Fenster locken. War denn wirklich schon der Frühling gekommen? Ihm schien, als wäre er etwas zu früh aufgewacht; doch draußen lachte die Sonne und der Himmel war so blau, als trüge er einen Mantel aus samtweichen Veilchenblüten. Hinaus in den Frühling! Lebe wohl du kleine Ritze im Kamin und habe Dank! Sicherlich wartet schon längst sein Maßliebchen auf ihn.

Lange brauchte der Schmetterling bis er einsah, daß durch diese Glaswand, die sich zwischen ihn und dem Frühling draußen stellte, nicht hindurchzukommen war. Immer wieder flatterte er gegen das Dachbodenfenster, bis er endlich auf den Gedanken kam, daß noch ein anderer Weg in die goldene Freiheit führen müsse. Lustig gaukelte er die Bodenstiege hinunter und ehe er sich versah, war er mitten im Frühling. Es kam alles so plötzlich über ihn und sein kleines Schmetterlingsherz, daß er sich auf einmal nicht weiter getraute. Blumen in allen Farben und ganze Bündel von Sonnenstrahlen lachten ihm in einer solchen Fülle entgegen, daß er garnicht wußte, wohin er zuerst fliegen solle. Das Grün der vermeintlichen Wiese war von so vielen eigenartigen Blumen geschmückt, wie er sie noch nie gesehen hatte und über all das ergoß sich das Gold der Sonne wie ein hauchdünner Feen-

mantel. Dort die kleine Blume, ist das nicht sein Maßliebchen? Kaum hatte es der Schmetterling gesehen, spannte er seine Flügel weit auseinander und gaukelte trunken vor Freude zu seinem über alles geliebten Maßliebchen. Der Schmetterling war ganz erstaunt, als ihn keine weißen Blumenärmchen umschlangen und kein weicher Blumenmund ihm zärtliche Worte ins Ohr flüsterte. Warum nur? Soviel auch all die Blumen strahlten und lockten, es fehlte ihnen der warme Hauch des Lebens.

Plötzlich wurde der Schmetterling gewahr, daß nur die Sonnenstrahlen atmeten, die von draußen kamen und die den Christbaum, der mitten im Zimmer stand, mit ihrem Licht überschütteten. Nur die Sonnenstrahlen waren echt. Sie kamen durch das Stubenfenster und brachen sich in den bunten Glaskugeln und flossen mit den Silberfäden über die grünen Zweige des Christbaumes. Von draußen kamen die Sonnenstrahlen und dorthin wollte der Schmetterling.

Bleib da kleiner Schmetterling und laß dich von warmen Händen gefangenhalten und zu deiner Kaminritze tragen, denn es hat noch viel Zeit. Es ist erst Weihnachten, in ein paar Stunden kommt das Christkind und dein Maßliebchen ist noch vom tiefen Schnee zugedeckt.

Aber der Schmetterling suchte so lange, bis er den Weg in die Freiheit gefunden hatte.

Draußen wartete eine Fee auf ihn und trug ihn behutsam in den Schmetterlingshimmel.

Habe ich mich schon einmal bedankt?

Habe ich mich schon einmal bedankt
bei meinen Füßen,
die mich alles erreichen ließen,
die nie klagten
und fragten,
wohin ich auch ging?
Nein, das kam mir noch nie in den Sinn!

Habe ich mich schon einmal bedankt
bei meinen Händen,
für alle Gaben und Spenden,
für das, was sie hielten,
für das, was sie fühlten.
Nein, ich habe es nicht getan,
ich nahm es als selbstverständlich an.

Habe ich mich schon einmal bedankt
bei meinem Mund?
Nein, noch nie bis zu der Stund,
für all seine Worte
an jeglichem Orte,
die er gesprochen, gesungen, gelacht,
daß ich daran noch nie gedacht?

Habe ich mich schon einmal bedankt
bei meinen Lippen,
die ganz zart darüber glitten,
über Knospen und Blüten weich,
einem bunten Schmetterling gleich,
der auf einer Maienblüte gesessen?
Nein, auch das habe ich vergessen.

Habe ich mich schon einmal bedankt
bei meinen Ohren,
daß sie nichts verloren
von all den Tönen, die für mich waren,
in all den langen Jahren?
Beschämend gestehe ich ein:
Ich muß wiederum sagen: nein!

Habe ich mich schon einmal bedankt
bei meinen Augen braun,
die so Vieles für mich zu schaun
an Farben, Bildern ohne Zahl,
die sich schlossen, wenn die Qual
sich nicht verdrängen ließ im Bild?
Nein, auch diesen Dank habe ich nicht erfüllt.

Habe ich mich schon einmal bedankt
bei meinem Herzen,
für alle Freuden und Schmerzen,
die es gegeben, die es genommen,
für jede Sekunde, die ich von ihm bekommen,
für jeden Schlag, den es für mich gemacht?
Nein, auch daran habe ich nicht gedacht.

Habe ich mich schon einmal bedankt
bei Dem, Den man den Schöpfer nennt,
der Sein Zeichen in die Herzen brennt,
Der die ganze große Welt
in Seinen Händen hält?
Den ich im kleinsten Blütenkelch schon sah,
hier darf ich ehrlich sagen: Ja!

Das bin ich Fortsetzung von Seite 10

Die Hosen wurden länger,
ich hing den ersten Binder dran,
es wuchsen schon die Stoppeln,
es zeigte sich der Mann.

Nun kam die Zeit die schöne,
ich habe sie nicht verträumt,
bei Gott, das eine weiß ich,
ich habe auch nichts versäumt.

Ich habe gepflückt die Blumen,
ich habe geschwärmt im Mai,
stets war ich vergeben,
mein Herz war nie mehr frei.

Ich habe die Treu geschworen,
wohl einhundert mal,
ich habe sie oft gebrochen,
ich weiß nicht mehr die Zahl.

Eine wollte in das Wasser,
juhei! das war ein Spaß,
ich traf sie zwei Stund später,
sie war kein bißerl naß.

Die andere wollte sich vergiften,
sie trank eine Flasche leer,
der Gifttod war ganz schrecklich,
in der Flasche war Likör.

Beim holden Mondenscheine,
zur traumhaft schönen Nacht,
habe ich anstatt zu schlafen,
so allerhand gemacht.

Der Uhu hat geschrien,
die Frösche, sie haben gequakt,
die Sternlein haben geschimmert,
die Maid hat nicht nein gesagt.

Doch eines grauen Tages,
da war das schöne Spiel dann aus,
da ging es mit einem Koffer,
zum Städtele hinaus.

Als Soldat ward ich gerufen,
der Fahne schwur ich dann,
ich faßte Rock und Drillich,
die Schleiferei fing an.

Ich hab auf dem Bauch gelegen,
bin kilometerweit geroppt,
ich habe die Hosen selbst gewaschen,
die Socken selbst gestopft.

Hab auf die Scheib geschossen,
wollt treffen sie allein,
das Schicksal wollte es anders,
ich schoß ins Gras hinein.

Herrjeh! könnt ihr euch wohl denken,
was darauf nun kam,
der Hauptmann und der Leutnant,
ein jeder brüllte mich an.

Was sie mich alles hießen,
es sei nicht angezeigt,
denn die Scham es mir gebietet,
daß man darüber schweigt.

Ich kroch auf allen Vieren,
wie ein Maulwurf sah ich aus,
ich trug die Sach mit Würde,
ich machte mir nichts draus.

Auch diese Zeit, sie ging vorüber,
bald war das Schauspiel aus,
dann packte ich meinen Koffer
und fuhr beglückt nach Haus.

In der Heimat angekommen,
fing ein neues Leben an,
eine Frau hab ich mir genommen,
die Kinder brachte der Weihnachtsmann.

Viel Zeit ist seit dem vergangen,
vierzig Jahre sind schnell vorbei
und wenn noch mehr Zeit vergehet,
mir ist's wirklich einerlei.

Ich habe nichts versäumt in meinem Leben,
ich habe gekostet immerzu,
ich kann es gut verstehen,
mein Ich sehnt sich zur Ruh.

Sitze ich dann mit 75 Jahren
als alter Herr im Sessel drin,
mit jungem Herzen, weißen Haaren,
kommt mir so manches in den Sinn.

Dann träume ich von den Zeiten,
die längst vergangen sind,
mein Blick geht in ferne Weiten
hin zur Mutter, als ich noch ihr Kind.

So geht es halt im Leben,
doch einmal kommt der Schluß,
dann packe ich meinen Koffer
und gehe, weil ich dann gehen muß.